Erwin Böhm

Ist heute Montag oder Dezember?

W0063119

Erwin Böhm

Ist heute Montag oder Dezember?

Erfahrungen mit der Übergangspflege

Psychiatrie-Verlag

Böhm, Erwin
Ist heute Montag oder Dezember? – Erfahrungen mit der Übergangspflege.
11. Auflage 2011
ISBN 3-88414-062-0

Dieses Buch ist die überarbeitete Neuausgabe von Erwin Böhms Erstlingswerk
»Krankenpflege – Brücke in den Alltag« aus dem Jahre 1987, die im Zuge der
Gesamtausgabe der Böhmschen Arbeiten zur Übergangspflege nach fünf Auflagen
1992 mit neuem Titel versehen wurde.

Hinweis: Die Gesamtausgabe »Übergangspflege« besteht aus drei Bänden:
Böhm, Erwin
Ist heute Montag oder Dezember?
Verwirrt nicht die Verwirrten
Alte verstehen
ISBN 3-88414-108-2

Bibliografische Information der Deutschen Bibliothek
Die Deutsche Bibliothek verzeichnet diese Publikationen in der Deutschen
Nationalbibliografie; detaillierte bibliografische Daten sind im Internet über
http://dnb.ddb.de abrufbar.

© Psychiatrie-Verlag, Bonn 1999
Alle Rechte vorbehalten. Kein Teil des Werkes darf ohne Zustimmung des Verlags
vervielfältigt oder verbreitet werden.
Titelfoto: Regina Bermes / Agentur laif, Köln
Umschlaggestaltung: markus lau hintzenstern, Berlin
Satz, Druck und Bindung: Clausen & Bosse, Leck

Psychiatrie-Verlag im Internet: www.psychiatrie.de/verlag

Inhalt

Vorwort

Es genügt nicht, der älteren Generation nur in Festreden oder durch vordergründige öffentlichkeitswirksame Aktionen Aufmerksamkeit zu schenken, sondern es sind vermehrt Taten zu setzen, zum Beispiel in Form von Umsetzungen neuerer wissenschaftlicher Erkenntnisse in praxisbezogene Handlungen. Gerade die Umsetzung der Reversibilitätstheorie in die Geriatrie und Gerontologie ist uns in letzter Zeit in Wien gelungen.

Wir haben die wissenschftlichen Erkenntnisse – am Krankenbett beginnende und bis in die Wohnung fortgeführte Krankenpflege – berücksichtigt, und nach zehnjähriger Tätigkeit ist es der Übergangspflege gelungen, etwa 6.500 Patienten aus dem Psychiatrischen Krankenhaus, internen Stationen und Altenheimen in ihre Wohnungen zu reintegrieren. Mit den dabei erworbenen Erfahrungen konnten wir feststellen, daß zwischen »Alten« und »Alten« viele Varianten möglich sind. Vor allem mußten wir Betreuer zur Kenntnis nehmen, daß jeder unter einem »Betagten« etwas anderes verstand,

zum Beispiel der eine nur einen somatischen Pflegefall,

der andere einen nur psychischen Pflegefall,

die meisten aber gar eine »gesunde alte Omi«.

Daher muß unser erstes Ziel eine gemeinsame Sprache sein.

Auch in der Terminologie herrscht Uneinigkeit und Unsicherheit. So ist es beweisbar, daß bei schönem Wetter ein Patient das Prädikat »desorientiert« bekommt und es sich bei schlechtem Wetter zu »Verwirrtheit« ändert.

Die Theorie geriatrischer Pflege ist somit frustrierend. Aber auch die Tätigkeit der Krankenpflege, oder wenn sie wollen die Grundkrankenpflege, ist nirgends so frustrierend wie auf Pflegestationen, da wir den eigentlichen Sinn unseres Tuns nicht erkennen. Nur unsere Erfahrungswerte lassen es zu, daß wir diese gute, aber schwere Arbeit leisten. Jede andere Sparte der Krankenpflege hat, oberflächlich betrachtet, rasche Erfolgserlebnisse und Sinnerfüllung. In der allgemeinen Krankenpflege geht der betreute Patient rasch wieder nach Hause, wir haben schnell und sicher an den Heilungsvorgängen teilgenommen. Das heißt, nur in der Altenpflege bleibt die Grundkrankenpflege als Qualitätsparameter bestehen. Dies kann und führt bei näherer Betrachtung nicht nur zur Hospitalisation der Klienten, sondern auch zu der des Pflegepersonals.

Pflegenotstand wird somit zu einem Pflege-Hirn-Notstand, und es ist an der Zeit, dem Pflegeberuf mehr fachlichen Inhalt zu geben, das Personal geistig zu fordern, um die physische Überforderung in den Griff zu bekommen.

Aus diesem Grund haben wir, um das Los der Geronto-Patienten und das Los des Pflegepersonals zu verbessern, diese Form der Krankenpflege kreiert und einen Umdenkprozeß eingeleitet. Der Patient muß nicht im Pflegeheim oder in der Psychiatrie bleiben, sondern kann durch gezielte Re-aktivierende Pflege wieder reintegriert werden. Auch die Tatsache, daß unser Personal von »verständlichen Reaktionen« zu »verstehenden Handlungen« umlernen muß, bringt eine wesentliche Verbesserung des Arbeitsklimas mit sich. Dieser Umdenkprozeß müßte auf allen gerontologischen Stationen erfolgen.

Die Altersprobleme kann man aus den verschiedensten Blickwinkeln, ökonomisch psychosozial oder auch rein medizinisch betrachten. So wie die Mediziner, kann man sie wieder in pathologische, zytologische, histologische usw. Problematiken unterteilen. Alle wissenschaftlichen Publikationen führten meist nur zu theoretischen Erkenntnissen, die mit keiner praxisrelevanten und für den Patienten erfolgversprechenden Effizienz verbunden sind. So daß ich es als meine Berufspflicht ansah, eine praxisrelevante Krankenpflegeform von Patienten für Patienten ins Leben zu rufen. Ich möchte das Problem der geriatrischen und psychogeriatrischen Krankenpflege nicht rein wissenschaftlich fundiert, sondern eher banal menschlich emotional betrachtet wissen.

Die Art und Weise, wie ich meine Klienten heute betrachte, beziehe ich aus ihrer historischen und regionalen, aber vor allem aus ihrer individuellen Biographie (siehe BÖHM, Alte verstehen, 1991). Auch die zielorientierte Betrachtungsweise birgt eine ungeheure therapeutisch-emotionale Wirkung.

Die Menschen werden älter, leben länger, Multimorbidität und Polypathien zwingen die Bezugspersonen zu besonderen Pflegeformen. Pflegepersonen entwickeln sich einerseits zu Ersatzfamilien bei liegenden, siechenden und moribunden Patienten und andererseits zu Cotherapeuten und Gerontotherapisten bei Patienten mit cerebralen Insuffizienzen. Deshalb müssen wir in Zukunft noch besser ausgebildete Pflegepersönlichkeiten entwickeln, um unserer Aufgabe »gesund zu machen, ohne Arzt zu sein« gerecht werden zu können.

Bei somatisch Pflegebedürftigen heißt dies, nicht streng zu therapeutisieren; rehabilitieren heißt auch, den Patienten in Ruhe lassen, damit er

Zeit hat, sich selbst zu normalisieren (der Mensch ist so alt wie seine Adaptionszeit). Dieses »in Ruhe lassen« ist eigentlich kein konkretes Programm, eine Maßnahme, helfen durch Einfachheit, die jedoch mit allen Beteiligten besprochen werden muß.

Alle Leute (multiprofessionelles Team), die mit der Altersversorgung betraut sind, sollten am gleichen Strang ziehen. Durch die verschiedensten Aktivitäten und Reformen wird in überschießender Hektik die Quantität (scheinbar) verbessert, die Qualität der Pflege aber verschlechtert, viele Patienten (primär sogenannte schlechte Alterspatienten) fallen dabei durch das Rost der Versorgung.

Deshalb: Beendet das heillose Durcheinander der Betreuung, beendet das »Schwammerlsyndrom« für gesunde Menschen – überbetreut nicht die Gesunden, versorgt die Bedürftigen.

Es handelt sich bei diesem Buch um praktische Anleitungen und Erfahrungsberichte zur Wiedereingliederung von gerontopsychiatrischen Patienten im Sinne der Übergangspflege, die im weitesten Sinne zur Neuorientierung der geriatrischen Krankenpflege führen soll, aber auch gleichzeitig als Rat und Hilfe, als Tip im Umgang mit »senilen Menschen« zu verstehen ist.

Heute würde ich meiner Kollegenschaft empfehlen, vorerst die Pflegequalität im Sinne der seelischen Pflege intramural zu verbessern und erst im Anschluß daran die Übergangspflege folgen zu lassen.

Mein erster Entwurf oder das erste Mosaiksteinchen war der Versuch, die Übergangspflege als spitalsinterne / externe Fachkrankenpflege ins Leben zu rufen. Der Inhalt dieses Buches stellt die Pflegestrategien der Übergangspflege dar und wurde auf den Stand von heute »zehn Jahre danach« revitiert.

Heute, nach zehn Jahren, hat sich mein Pflegeschema, welches es vorerst nur als Gerüst gab, abgerundet und mit meinen intramuralen Pflegestrategien wie

Urkommunikation
Prägungsphänomenologie
Re-aktivierende Pflege
Pflegediagnose nach Böhm, und meinen
Pflegeleitlinien
zu einem in sich abgerundeten Pflegeschema gemausert.

Trotzdem so viele Pflegeforschungsarbeiten von mir dazugekommen sind, identifiziere ich mich auch heute noch mit dem Inhalt der Übergangspflege.

Einige Grundthesen aus der Praxis für die Praxis

Die Neuorientierung in der geronto-psychiatrischen Pflege bedeutet, weg von der verwahrenden (kustodialen) hin zur Re-aktivierend-therapeutischen Krankenpflege; sie soll für die Patienten genauso wie für die Betreuer selbst eine effiziente und optimale Versorgungsart sein.

Für die Pflegepersonen

In der heutigen Zeit versucht jeder, nur über die Runden zu kommen, hat Angst, Fehler zu machen, vermeidet Konfrontationen und vermeidet es, sich Ziele zu setzen. Es ist daher klar, daß kaum einer zuhört, und die Worthülsen »Pflegenotstand, Kurzzeitpflege, ganzheitliche Pflege etc.«, da man sie nicht durchführt, keinerlei Bedeutung haben. Das heißt, daß wir erst etwas leisten müssen, tun müssen, um dann, wenn es ein Erfolg wird, darüber reden zu können und dies sehr laut, mit kräftigeren Vokabeln, um die Aufmerksamkeit erringen zu können. Dies werden sie auch in diesem Buch erfahren, denn mit Absicht verwende ich ein Vokabular, das nicht ganz der normalen deutschen Hochsprache entspricht. Das Ziel unserer Arbeit muß, auch aus arbeitshygienischen Gründen, eine Persönlichkeitsentwicklung sein.

Mit der Übergangspflege ist es uns gelungen, unser eigenes Image zu erhöhen, indem wir das erste Mal eine neue Form der therapeutischen oder spezifischen Pflege kreieren konnten.

Alle Kolleginnen und Kollegen, die unser Pflegesystem übernahmen, sprechen vom gleichen beruflichen Erfolg, den auch meine Arbeitsgruppe erfahren hat. Meine Mitarbeiter sehen wieder Sinn in ihrer Tätigkeit, haben sich selbst verwirklicht, haben mehr Identität und mehr Berufszufriedenheit erfahren. Daher sanken bei uns die Krankenstände um 50 Prozent, und das Burnout Syndrom konnte gänzlich ausgemerzt werden. Und seit neuestem haben wir mehr Bewerbungen von Diplomiertem-Personal als Stellen.

Für den Patienten

Für den Patienten bedeutet die Neuorientierung eine Chance, seine Wohnung (sein Eigentum) wiederzusehen, es bedeutet, daß das Pflegeheim oder die Alterspsychiatrie nicht das Ende ist, sondern nur eine vorübergehende Krankheitsphase mit stationärem Aufenthalt ebendort. Das heißt, je mehr Patienten aus einem Pflegeheim oder aus einer Psychiatrie entlassen werden, desto größer wird die Chance, das Volksbewußtsein zu ändern, daß das Pflegeheim, die Interne Station oder das psychiatrische Krankenhaus nicht das absolute Ende sind. Sobald sich der rehabilitative Charakter einer Institution im Volk herumgesprochen hat, wird sich in der Spätfolge auch die Aufnahmetraumatisation mildern. Wir sind zur Zeit dabei, die Imagepflege zu forcieren, indem wir in Gasthäusern, Sozialämtern etc. Laienreferate halten und über unsere Institutionen und vor allem über die Reversibilitätstheorie informieren.

Es muß dem Volk klargemacht werden, daß ballspielende Achtzigjährige und zeichnende Fünfundneunzigjährige nicht das Ende eines rehabilitativen, im Spital begonnenen Konzeptes sein können. Sie können aber ein guter Beginn, eine Rehabilitationschance für Betagte in der Geriatrie bedeuten.

Für psychogeriatrische Klienten sehe ich die größte Chance nicht in der Aktivierung, sondern in der Re-aktivierung nach Böhm.

- Aktivierende Pflege:
  ist bei allen jenen Personen möglich, die sympatikoton sind und waren und bei denen noch ein kognitiver Zugang möglich ist.
- Re-aktivierung:
  ist hingegen ein Re-animationsprogramm aus dem Alt- oder Tertiärgedächtnisspeicher unserer Klienten auf emotionaler Ebene.

Es ist also für eine nahtlose Weiterbehandlung und Fortführung der im Krankenhaus begonnenen rehabilitativen Bemühungen Sorge zu tragen. In Europa hat sich diesbezüglich die Übergangspflege bewährt, die die Kluft zwischen intramuraler und extramuraler Versorgung schließt.

Die in der Anstalt begonnenen Pflegemaßnahmen und Ziele, entweder aktivierende oder re-aktivierende Pflege, sind domiziliorientiert fortzuführen. Es geht nicht, daß die Betreuung zu einem diffusen Allerlei entartet, wie ein Beispiel aus dem täglichen Leben zeigt.

Frau Z. O., 70 Jahre alt, fühlte sich nach einer Betreuungszeit von einem Monat mit einer Gesamtstundenzahl von 60 Stunden zu Hause wohl. Ihre, während der Betreuungszeit weiter bestehende paranoide Symptomatik konnte durch Zuwendung und negative Intention, sowie mittels Einstellung auf täglich ein Lanitop als stabilisiert betrachtet werden.

Frau Z. O. hatte keine Angst, negiert die Symptomatik, war mobil und »belästigte« weder die Nachbarschaft noch ihre Verwandten.

Sie konnte mit ihrem Leiden leben!!!

Ein sogenannter »guter« Patient, doch nun begann die Überbetreuung (»Schwammerlsyndrom«) durch mehrere Personen wie folgt:

Der behandelnde Arzt: »Sie nehmen täglich ein Lanitop.«

Die Kontrollschwester: »Sie haben heute vergessen, ihre Tablette zu nehmen, na gut, aber morgen sicher.«

Die Heimhilfe: »Ja, wenn Ihnen das Herz wehtut, müssen Sie schon zwei Herzpulver nehmen.«

Der Sozialarbeiter: »Haben Sie Ihre Pension schon bekommen?« Angesprochen auf die Herzproblematik, meint er: »Ja, da kenne ich mich nicht aus, habe diesbezüglich keine Ausbildung, aber ich kenne einen guten Spezialisten und schicke Ihnen einen Transportdienst vorbei.«

Die Patientin war zum Glück schon »gesund«, sie warf die Betreuungspersonen (auch uns) aus der Wohnung, nahm keine Medikation mehr zu sich und lebt bis heute ohne Rezidiv allein zu Hause.

Nicht nur das vorangegangene Beispiel erinnert daran, daß Altenbetreuung und Altenbetreuung nicht dasselbe ist und die verschiedensten Auswirkungen auf den Patienten und auf die Betreuer haben kann.

Es hängt nicht zuletzt von der jeweiligen Ausbildung (Prägung) ab (Diplompfleger, Sozialarbeiter, Heimhelferin, Altenpflegerin), auf welche Probleme in der Praxis besonderes Augenmerk gelegt wird und welche Rolle ein Betreuer zu spielen gewillt ist.

Die Neuorientierung
in der gerontopsychiatrischen Krankenpflege

»Das Selbstschutzkonzept«
Ändere nichts
und es passiert nichts –
nicht dem Patienten,
nicht mir,
nicht uns.

In den letzten Jahren ist es besonders auffällig, daß sich Slogans wie »Älter werden – aktiv bleiben«, »Erfülltes Alter«, »Aktiv bis ins hohe Alter« in der Literatur und bei diversen Tagungen mehren. Alle mitsamt treffen die Aussage – Fördern durch Fordern – nur wer macht dies? Man schickt und bringt die alten Leute zur Kosmetikerin. Ballspielen ist »in«. Man bringt sie in die Volkshochschulen, in Kinos, in Theaterveranstaltungen, in Zeichen- und Malbuden etc. Eine Veranstaltung jagt die andere, natürlich nur passiv. Die Re-Animation zur selbsttätigen Unterhaltung wird großteils vergessen. Unterhalten werden jene, die sich sowieso noch alleine unterhalten können und alle diese Angeboten auch ausnutzen (bei Veranstaltungen trifft man immer wieder dieselben Patienten, die eigentlich Klienten sind)! Sie weisen meistens nur einen geistig kalendarischen Abbauprozeß auf. Jene Patienten aber, die cerebrale Abbauerscheinungen tragen, fallen noch immer, zumindestens stationär, durch den Versorgungsrost.

Interessant in der Entwicklung der Übergangspflege ist der Tatbestand, daß Patienten mit primären Demenzen durch Übergangspflege entlassen werden können, hingegen solche, die eher als geistig gesund betrachtet werden, weiterhin als »Forschungsobjekte« in der Anstalt aufgehoben bleiben.

Wir wollen hier kurz philosophieren:
Liegt es vielleicht in der psychischen Verfassung der Referenten und Autoren, daß sie selbst psychische Störungen des höheren Lebens ablehnen und verdrängen?

Oder ist es die resignative Vorstellung schlechthin, die die Unbeeinflußbarkeit von psychischen Störungen blockiert?

Oder arbeiten einige Gruppen wie die World Health Organization und Anhänger nur präventiv geriatrische Probleme aus?

Oder liegt das Problem darin, daß man unter »Alten« nur jene verstehen will, die nach Teneriffa fliegen?

Jede Neuorientierung bringt verschiedene Probleme für jeden einzelnen Mitarbeiter mit sich. Wir können sie in etwa in:

eigene Ängste,
Probleme der »altenfixierten Helfer«,
Probleme der Station durch Fehlinternierung,
Probleme der Station mit der Reversibilitätstheorie unterteilen.

Eigene Ängste

Jeder von uns ist in einen Beruf hineingeschlittert, in den er hineinwachsen soll. Wir lernen daher meist nur sehr emotionell, sehr affektiv und haben aus verschiedenen Gründen keine besondere Freude mit Kursen, Fortbildungsveranstaltungen oder Symposien. Wir trauen uns meist nichts mehr zu, erwarten Hilfe von oben (der Chef wird es schon richten). Wir können sehr oft unsere Wünsche nicht formulieren und ebensowenig unsere Bedürfnisse.

Gerade bei der Einführung der Übergangspflege konnten wir feststellen, daß viele unter uns mit großen Ängsten und Abwehrmechanismen reagierten. Erstaunlich war die Vielfalt der Abwehrmechanismen. Die für unser Schema notwendige Eigencourage, Bereitschaft zur Einzelverantwortung, Kompetenz, Ich-Identität konnte nicht erreicht werden.

Dies führte zu der Überlegung, daß ich vor der Biographie der Betagten die Biographie meines eigenen Personals erheben muß. Dabei stellt sich immer wieder die Frage:

Warum bin ich »altenfixiert«?

Gibt es eine Betreuerneurose, oder folgen wir Naturgesetzen? Als Kleinkind stand ich immer am Gartenzaun unseres Kleingartens und begrüßte die vorübergehenden alten Damen: »Guten Tag, Frau Müller«, immer wieder, und oft am Tag war ich freundlich, lächelnd, lieb, blauäugig mit lockigem Haar. Das Echo blieb nicht aus, sie erwiderten meine Freundlichkeit mit Zuwendung und mit oraler Befriedigung, der Süßigkeitenkonsum war groß. Durch ein an alte Damen verschenktes Lächeln bekam ich ohne Schwierigkeiten die in der Nachkriegszeit so begehrten Bonbons. Lächeln und reden brachten mir persönlich viel ein. (Ein positiver Halo-Effekt zu alten Leuten war geboren.)

Heute, 40 Jahre später, bringen mir wieder alte Damen durch ein Lächeln von mir und ein kurzes Gespräch Zuwendung entgegen, sie haben mir ein neues Berufsziel gegeben, sie waren der Anstoß zu diesem Buch. Meine Fixierung auf alte Leute ist aus meiner Biographie zu verstehen: »Tausche Lächeln gegen Bonbons.« Was ist eigentlich der Grund, daß Sie sich besser mit alten Leuten, auch wenn sie verwirrt sind, verstehen als zum Beispiel mit Schizophrenen oder Alkoholikern?

Verstanden Sie sich mit Ihrer Großmutter? Oder leiden Sie heute daran, daß Sie nie bei ihr zu Besuch waren und jetzt nach ihrem Tod Schuldgefühle haben? Sehr häufig werden Schuldgefühle des Personals auf Stationen durch plötzliche passive Unterhaltungen (Filme, Ehrungen, Theateraufführung etc.) kompensiert. Identifiziere ich mich mit meinem Patienten und mache seine Probleme zu den meinen? Mache ich mich unabkömmlich, weil ich der Beste sein will? Bin ich im Erfolgszwang und fühle mich für ganz Europa zuständig, für alle Probleme und lasse dadurch natürlich auch Samstag, Sonntag meinen Patienten nicht in Ruhe? Sublimiere ich vielleicht, lebe ich vielleicht gar nicht, sondern suche nur im Dienst, am Arbeitsplatz, meine Bestätigung?

Übernehme ich die komplette Verantwortung für meinen Patienten und entmündige ihn dadurch? Bin ich vielleicht gar nicht so sozial, wie ich vorgebe zu sein, sondern tyrannisiere nur unter dem Deckmantel des »Sozialen« meine Patienten (Jetzt müssen Sie essen, zu Ihren Gunsten. Jetzt müssen Sie Ihre Medikamente nehmen, für Ihre Gesundheit)?

Oder bin ich Pflegeperson, weil es für mich eine Selbstbestätigung ist? Wie auch immer, fest steht, daß meine privaten Probleme im Dienst nichts verloren haben, sie nicht ins Gespräch mit dem Patienten übergehen sollen. Daher versuchen wir im Gespräch, im Umgang mit Alten, nicht

zu bagatellisieren	(»Ist nicht so schlimm, haben wir alle.«)
zu debattieren	(Es wird meist ein unkontrolliertes Streitgespräch.)
zu monologisieren	(Er will uns was erzählen, nicht wir ihm.)
zu rationalisieren	(Ich lasse kein Gefühl zu, weil ich es nicht ertragen kann.)

Wie auch immer, dies sind ja nur kurze biographische Feedbacks, die dazu führen sollen, daß wir einmal allein in den Spiegel schauen sollen (solange ein Betrieb ohne Supervision läuft):

Bringe zuerst Dein Leben in Ordnung,
dann hast Du auch Zeit für andere.

Probleme der Station durch fehlinternierte Patienten

In der, vor allem deutschen Literatur findet sich immer wieder die Sorge, daß viele Patienten auf einer Gerontopsychiatrie fehlinterniert sind. Man behauptet, daß die internen Stationen beziehungsweise Pflegeheime ihre unangenehm aufgefallenen Patienten in die Psychiatrie transferieren. Durch die hohe Anzahl von Betagten kann dann dort kein gezieltes therapeutisches Verfahren durchgezogen werden.

Diese Erfahrung, daß Patienten fehlinterniert sind, führte bei mir zum ersten Schritt der Übergangspflege, nämlich mit jedem Patienten, der heute aufgenommen wird, egal woher, einen differentialdiagnostischen Ausgang zu machen und am Ort der Not (Wohnung) den geistigen Zustand abzuklären. Interessant ist dabei das Ergebnis, daß die meisten Patienten fehlinterniert sind, da sie sich innerhalb von zwei Stunden in ihrer Wohnung selbst fangen und keinerlei Therapie oder stationäre Versorgung brauchen. Medizinisch gesehen sind sie jene Patienten, die an einer akuten cerebralen Dekompensation leiden, beziehungsweise diese den Aufnahmegrund darstellt.

Das anschließende Beispiel soll verdeutlichen, daß manche Patienten auch ohne unsere Therapie, ohne unsere Aufmerksamkeit zu Hause allein leben können und sollen. Es zeigt sich gerade bei diesem Fall, daß Leute, die akut verwirrt sind oder waren (eventuell Riva-Rocci-Krise, eventuell transitorische ischämische Attacken), nach der therapeutischen Einstellung unbedingt eines differentialdiagnostischen Ausganges für die weitere ärztliche Diagnose (beziehungsweise Prognose) bedürfen. Denn entscheidend ist, wie der Patient zu Hause zurechtkommt, und nicht, wie er sich im Spital verhält.

Fallbeispiel (Bericht eines Übergangspflegers)

Eine vierundachtzigjährige Frau kam zum erstenmal mit Polizeiparere in das Psychiatrische Krankenhaus zur Aufnahme, da sie in der Umgebung ihres Wohnsitzes umherirrte und völlig desorientiert war. Sie konnte weder Name noch Adresse angeben.

Nach routinemäßigen Untersuchungen wurde sie bereits nach drei Wochen der Übergangspflege angeschlossen. Beim ersten Kontaktgespräch war sie zeitlich überhaupt nicht orientiert, ansonsten ausreichend. Das Altgedächtnis war relativ gut erhalten (sie wußte über ihre Kindheit, Schulzeit und erlernte sowie ausgeübte Berufe ausreichend Bescheid), das

Neugedächtnis und die Merkfähigkeit waren stark reduziert. Konzentration und Auffassung waren altersentsprechend gut, die Stimmungslage nicht depressiv. Sie war sehr kooperativ und kontaktfreudig, und so war es bereits nach einer Woche täglicher Kontaktbesuche auf der Abteilung möglich, ihr Vertrauen zu gewinnen, welches unbedingt notwendig ist, um den ersten Ausgang in die Wohnung durchführen zu können. Außerdem bedurfte es großer Mühe, die große Bereitwilligkeit fremder Personen ihr gegenüber klarzustellen.

Beim ersten differentialdiagnostischen Ausgang standen die Inspektion der Wohnung, die Überprüfung der Orientierung sowie Informationsgespräche mit den übrigen Hausbewohnern im Vordergrund. Es war außerdem notwendig, sich davon zu überzeugen, ob die vierundachtzigjährige Frau mit dem Hantieren der technischen Geräte noch vertraut ist. Die Wohnung selbst befand sich in einem bewohnbaren Zustand, das heißt, sie war relativ rein, alle Geräte intakt, Strom und Gas vorhanden. Auch konnte die vierundachtzigjährige Frau alle lebensnotwendigen Dinge selbst durchführen.

Bei weiteren Ausgängen wurde gemeinsam die Wohnung gereinigt (Staub gewischt etc.), sowie ein Orientierungstraining in der näheren Umgebung durchgeführt (Besuch der Trafik, Lebensmittelgeschäft, Bank und so weiter). Außerdem wurde die finanzielle Situation mit ihrer Bank geregelt. Nachdem die vierundachtzigjährige Frau die Ausgänge psychisch und körperlich gut überstanden hatte und angenommen werden konnte, daß sie durchaus in der Lage sei, in ihrer gewohnten Umgebung zu leben, erfolgte die Beurlaubung aus dem Krankenhaus.

Als sie von mir nach Hause gebracht wurde, äußerte sie den Wunsch, zu einer Freundin, die im selben Gemeindekomplex wohnte, zu gehen. Sie schrieb sich aber spontan einen Zettel mit Namen und Adresse ihrer eigenen Person, den sie an die Schlüssel heftete, und begründete dies damit, daß, wenn sie sich wieder verirren sollte, sie nach Hause gebracht werden könne.

In der ersten Zeit wurde sie durchschnittlich dreimal wöchentlich von mir besucht (Puls- und Blutdruckkontrolle), außerdem täglich von einer Heimhilfe. Die vierundachtzigjährige Frau ging stets allein einkaufen und hatte, wenn ich eintraf, bereits die wichtigsten Nahrungsmittel sowie die Tageszeitung zu Hause. Wenn sie nach dem Datum gefragt wurde, so nahm sie die Zeitung zur Hand, an der sie sich zeitlich orientierte.

Essen auf Rädern wurde anfänglich bestellt, jedoch nach einer Woche von der Frau abgelehnt mit der Begründung, daß sie überhaupt keine Arbeit habe und mit dem Kochen ihre Freizeit ausnutze. Bei Kontrollbesuchen konnte immer wieder festgestellt werden, daß sich die vierundachtzigjährige täglich kleinere sowie größere Speisen selbst zubereitet hatte. Die zeitliche Orientierung war weiterhin nur anhand der Tageszeitung möglich. Nach vierwöchiger Stabilität konnte die Betreuung durch die Übergangspflege eingestellt und die Frau einer bestehenden Institution übergeben werden, die die weitere Betreuung übernahm.

Anmerkung:
Gerade bei dieser Patientin konnten wir nachweisen, daß ein Aufenthalt aus juristischen oder medizinischen Gründen nicht indiziert erschien. Auch die in der Krankengeschichte angeführten transitorischen ischämischen Attacken, die in einem Intervall von einem Tag bis einem Jahr aufgetreten waren, sind bisher nicht wieder aufgetreten. Nachdem die Patientin allein auf sich gestellt leben konnte, war es an der Zeit, auch die Heimhilfe wieder abzuziehen (ansonsten betreibt die Heimhilfe »zu Tode pflegen« und der Kreislauf beginnt wieder). Die Patientin lebt mit verschiedenen Erkrankungen (Multimorbidität) alleine und versichert: »So gesund und so zufrieden wie jetzt habe ich mich schon lange nicht gefühlt.«

Probleme der Station mit der Reversibilitätstheorie

Wenn man vor Jahren noch als Hauptbehandlungsziel die gute und fachmännische Verwahrung von Senioren im Auge hatte und forcierte und damit die Grundkrankenpflege bis zum Exzeß ausbaute, hat man im »Jahr der Alten« erkannt, daß es allein mit einer Forcierung der Grundpflege ohne Beachtung der Re-aktivierenden Pflege nicht getan ist.

Unsere Patienten sind gebadet, schauen schön aus, sind aber kontaktlos, oft auch regrediert und in unseren schönen Häusern psychisch hospitalisiert. Diese Pflegeform der gänzlichen Betreuung – des zu Tode pflegens – kann nicht der Weisheit letzter Schluß sein. Auch sind doch die meisten psychisch Erkrankten nicht bettlägerig. Wozu brauchen diese Menschen dann ein Krankenhaus? Was sollen sie nachts in einer Klinik? Was sollen sie bei Tag in der Klinik, wo auch für ihre Probleme eigentlich viel zu wenig Zeit ist. Man muß sich vermehrt den bettlägerigen, pflegebedürftigen Kranken zuwenden. Also gerade jene Menschen, die durch unsere aktivierende Pflege mobilisiert wurden, fallen bei einer weiteren Spitalsbetreuung durch den Rost und sind die sogenannten »guten Patienten«, die weder das Personal noch die Mitpatienten belasten. Man sollte

wissen, daß gerade Menschen, die für uns nicht belastend wirken, einer besonderen Betreuung bedürfen. Dies ist ja sogar auf den Schockpatienten (zum Beispiel in der Chirurgie) übertragbar. Je ruhiger ein Patient, um so mehr Aufmerksamkeit sollte man ihm schenken. Also der Schein trügt, und wir können unseren ersten Leitsatz erstellen:
Je unauffälliger ein Mensch ist – um so mehr Zuwendung benötigt er.

Es müssen also die aktivierenden, stabilisierenden und resozialisierenden Aufgaben vom Krankenhaus weiter in die Wohnung und in das Wohnmilieu des Patienten verlagert werden, so daß jedes Ziel einer gerontologischen Reaktivierung die *Eigenständigkeit und Emanzipierung* des Patienten sein soll, oder als Mindestforderung die Aufrechterhaltung dieser, solange es möglich ist. Eine bislang durchgeführte Überbetreuung eines älteren Menschen führt ja nur zum »Kindergarten für Senioren«.

Viele Denkanstöße in diese Richtung verdanken wir, vor allem im europäischen Raum Professor CIOMPI. Durch seine Reversibilitätstheorie hat die Arbeit mit Senioren neue Faszinationskraft gewonnen.

An uns liegt es jetzt, solche wissenschaftlichen Ansichten in die Praxis umzusetzen. *Altenpflege* wird somit zu einer multifunktionellen Disziplin, die *am Krankenbett beginnt und in der Wohnung endet.*

Aber auch im Wohnmilieu (im Langzeitgedächtnis) unserer Patienten muß der re-aktivierende-resozialisierende-therapeutische Effekt aufrecht erhalten werden. Dazu ist es notwendig, daß sich auch die nachgehenden Betreuer, wie Altenpfleger/innen und Heimhelfer/innen ein neues Berufsbild und ein neues Berufsziel erarbeiten.

Die Hauptaufgaben aller in der Gerontologie beteiligten Berufsgruppen müssen zu einer Einheit verschmelzen, so daß eine effiziente Kettenbetreuung im Sinne der *Verselbständigung* des Patienten eintreten kann.

Der generelle Zielsetzungsmodus lautet:
Bei kalendarischem
biologischem Abbau: aktivierende Pflege
                          auf der kognitiven Ebene
                          Anleitung zum Leben
                          Förderung der Selbständigkeit
                          Pflege-Diagnose
                          Übergangspflege mit somatischem
                          Schwerpunkt

Bei pathologischem Abbau	
(Prozessen)	re-aktivierende Pflege
	auf der emotionalen Ebene
	symptomspezifische Pflege
	Pflegediagnose nach Böhm
	Übergangspflege mit psychischem
	Schwerpunkt.

Diese gemeinsamen Aufgabengebiete und -inhalte fallen somit in alle Bereiche der Wohlfahrt: in die städtischen – vertreten durch das Krankenpflegefachpersonal und den Sanitätshilfsdienst, in die konfessionellen – Altenpflegerinnen und Heimhilfen, in die caritativen – Pfarrgemeindenlaiendienste, in die Privatbereiche – Unterstützung der Angehörigen und so weiter.

Diese Richtungsänderung bringt auch eine Verschiebung in unseren Pflegehandlungen mit sich. In der Literatur sowie im praktischen Handeln kann man zwischen *Grundpflege, Versorgungspflege, Behandlungspflege* (therapeutische Pflege) und physikalischen Maßnahmen unterscheiden, wobei im Spitalsbetrieb durch die Überlieferung und die Tradition die grundpflegerische Versorgung und die physikalischen Maßnahmen im Vordergrund stehen. Das reine Bett, der steril aussehende Tagesraum, der Putzfimmel stehen noch immer weit im Vordergrund. In der modernen resozialisierenden Krankenpflege hat sich der Schwerpunkt von der Grund- und Versorgungspflege auf eine gezielte Behandlungspflege vorwiegend bei auffälligen Patienten zu verlagern.

Beispiel:
Das Überziehen der Betten erfolgt rasch, sauber und ordentlich. Der Patient sitzt daneben auf einem Sessel und wird, bedingt durch die manuelle Akkordtätigkeit der Schwester, kaum beachtet – es ist keine Zeit.

Die neuen Wege würden fast einen Umkehreffekt bedeuten. Das vorhandene Bett ist nicht unserer Aufmerksamkeit wert. Auch ein etwas unsauberes Bett bringt Menschlichkeit und Zuneigung mit sich, wenn man seine Arbeit nicht sprachlos verrichtet.

Besonders in sehr steril aussehenden Stationen, wo das Personal vorwiegend auf die Schönheit der Räumlichkeiten achtet, wird der Patient menschlich – zuwendungsmäßig – unterversorgt, weil die Arbeitszeit für die Aufrechterhaltung der Schönheit der Station verschwendet wird.

Es ist damit natürlich nicht gesagt, daß Patienten zugunsten einer ver-

balen Therapie somatisch unterversorgt werden. Das richtige Mischungs-
verhältnis bringt uns einem neuen Betreuungsziel näher.

minimale Pflege	*effiziente Pflege*	*optimale therapeutische Pflege*
Betten werden gemacht, im Akkord ohne Zu-wendung	Betten werden gemacht, Gespräch wird geführt, Dekompensations-Pro-phylaxe wird durchge-führt	Betten werden durch den Patienten gemacht, wir unterstützen seinen Ich-Zustand, Sicherheit wird forciert.

Festgestellt werden muß, daß bei der re-aktivierenden Pflege symbolisch
gesehen das Helfen mit der Hand in der Hosentasche das richtige ist, dies
muß aber dem Patienten auch deutlich gemacht werden. Seine Lebensan-
triebe beziehungsweise Lebensbewältigungsmuster müssen wir positiv
verstärken, um ihn zu bewegen.

Pflegen mit der Hand in der Schürzentasche heißt für uns nicht weniger
tun, sondern vor einem fachlichen Hintergrund zu re-aktivieren.

Rehabilitation – Reintegration

Rehabilitation

Die Rehabilitation bezweckt, den Menschen, die körperlich, geistig und
seelisch behindert sind und ihre Behinderung oder deren Folgen nicht
selbst überwinden können, und den Menschen, denen eine solche Behinderung droht, zu helfen, ihre Fähigkeiten und Kräfte zu entfalten und
ihren entsprechenden Platz in der Gemeinschaft zu finden.

Da heute in der Gerontologie grundsätzlich das sogenannte *Reversibi-
litätsdenken* vorherrscht, kann man seit neuestem auch in der Geriatrie
von Rehabilitationsmaßnahmen sprechen.

Aus dieser Definition geht hervor:

- Im Mittelpunkt aller Rehabilitationsbemühungen steht der Behinderte
  oder der von einer Behinderung bedrohte Mensch, das heißt, daß auch
  Präventivmaßnahmen der Besuchsdienste, der Kontaktdienste etc.
  wertvolle Hilfe und Rehabilitationsprophylaxe sind.

- Die Ursachen der körperlichen, geistigen oder seelischen Behinderung
  sind unerheblich. Die Rehabilitation ist nicht kausal, sondern final ausgerichtet.

Dies ist in der Gerontologie beziehungsweise Gerontopsychiatrie allerdings mit besonderen Schwierigkeiten verbunden, da es sich bei dieser Personengruppe um Menschen mit einer Multimorbidität handelt.

- Rehabilitation bezieht sich auf alle Altersgruppen, wobei für jede Behinderung eine geeignete Richtlinie aufzustellen und zu erarbeiten ist.
- Es wird nicht zwischen vorübergehender und dauernder Behinderung unterschieden. (Reversible oder irreversible geistige Altersveränderung.)
- Die Definition schließt auch die Möglichkeit einer weiteren oder weiterbestehenden Behinderung ein.

Auch die Ziele der Rehabilitation haben sich im Laufe der letzten Jahre entscheidend gewandelt:

- Durch die Fortschritte in der Medizin (Bumerang der Gerontoversorgung) sind viele noch vor kurzem unheilbare Krankheiten heute heilbar, wenn auch manchmal mit einem bleibenden Defekt.
  Die verbliebenen Funktionen (auch die Geistesleistung eines abgebauten Gehirns) sollen aber zur Restanimation Anlaß geben.
- Sozialpolitische und ökonomische Überlegungen sind bei der Wahl zwischen Institutionspflege und extramuraler Versorgung von entscheidender Bedeutung.

Rehabilitationsziele – Teilziele – Grenzen

Rehabilitationsziele werden stufenweise zusammen jeweils mit den einzelnen Patienten erarbeitet, und sie müssen aufbauend, aktivierend und erreichbar sein. Eine Überforderung des Patienten soll verhindert werden. Aber der Übergang von der Liegephase in eine Sitzphase und in eine Mobilisierungsphase muß so schnell wie möglich erreicht werden. Ist der Patient wieder mobil, muß die Rehabilitationsmaßnahme über die Spitalspforte hinweg (zum Beispiel durch einen differentialdiagnostischen Ausgang, dieser wird später besprochen) forciert werden.

Um diese Teilziele erreichen zu können, muß der Patient seine Krankenrolle, die er zu spielen gezwungen wird (sekundärer Krankheitsgewinn), aufgeben und seine neue Lebensrolle übernehmen, wobei auf persönliche Wünsche, Bedürfnisse und Möglichkeiten eingegangen werden muß. Weckung der Lebenstriebe durch Erhalt der Menschenwürde, der Ich-Identität sind erforderlich.

Ferner müssen die psychologischen Gesichtspunkte (Versteifung der Charakterzüge im Alter) einbezogen werden, die sich auf den bisherigen Bildungs- und Lebensweg, die Intelligenz, die Charakterstruktur, die Möglichkeit zur Verarbeitung von Konflikten und die Motivation zu rehabilitativen Anstrengungen beziehen. Außerdem ist es notwendig, die sozialen Gegebenheiten (familiäre, ökonomische Situation) für die Erstellung der Rehabilitationsziele zu berücksichtigen. Oft sind anfangs nur Teilziele zu erreichen, zum Beispiel psychologische Anpassung (an die Abteilung, an die Gruppe), Verselbständigung (alleine arbeiten in der Teeküche), familiäre und gesellschaftliche Einordnung (Besuch der Anstaltskirche).

Die Grenzen der Rehabilitation sind gegeben durch:
- die Art der Behinderung,
- die medizinische Therapiemöglichkeit,
- die Rückzugsphase nach FREUD – Pflegefall mit progredientem Verlauf.

Es muß uns klar sein, daß nicht alle neuerlich voll rehabilitiert werden können, zum Beispiel Pflegefälle. Hier kommt die sogenannte Rückzugstheorie von FREUD zum Tragen, die besagt, daß sich Menschen ab einem bestimmten Zustand von der Öffentlichkeit, von ihren Verwandten, von uns Betreuern und von sich selbst durch ein Abwehrverhalten (dynamische Distanz) zurückziehen und auf das Sterben vorbereiten.

›Pflegefällen‹ und Pflegeheimbediensteten kann man daher mit einer gezielten und forcierten reaktivierenden Pflege keine Berufsbefriedigung geben. Diese würde ich auf die Literatur zu Sterbekliniken verweisen.

Durch die neuen medizinischen Erkenntnisse soll in Altersheimen und Langzeitkrankenhäusern sowie auf der Gerontopsychiatrie die Lebenssituation der Alten, natürlich auf der Station beginnend, verbessert werden. Das Endziel kann aber auf keinen Fall der hospitalisierte Patient auf der Station sein, sondern jeder Reintegrationsversuch ins Wohnmilieu ist für den Patienten (selbst für solche, die primär nicht möchten, da sie im Trägheitsdenken sind und keine Veränderung mehr wünschen – DÖRNER) und für die Träger sinnvoll und menschlich.

Hier ein Beispiel, einerseits, wie es bisher läuft in einer kustodialen Anstalt, und auf der anderen Seite so, wie es in einer rehabilitativen Anstalt laufen sollte.

Kustodiale Versorgung

Der Patient kommt gegen seinen Willen in eine Anstalt. Auch Freiwillige sind Zwangseinweisungen – weil es die Gattin, der Chef, der Vater will – wenn du nicht... dann.

Die Pflegepersonen und Ärzte fördern die Chronifizierung und Regredierung. Es ist eine gesteuerte Fehlentwicklung. Alte Dauerpatienten bringen keine Arbeit, sie belegen ein Bett und aus.

Wir drängen ihn somit in eine Krankenrolle, verhindern die Selbstgesundung.

Wir ringen um seine Gunst – ich der beste Pfleger, ich der beste, liebste Arzt, mich versteht er.

Wir verschanzen uns hinter der Dienstordnung, Anstaltsordnung, unserer Ordnung – nicht seiner.

Er ist bei uns Klischeepatient. Alter Kranker, aufs Sterben Wartender.

Der Patient nimmt eine Erwartungshaltung ein – will ausgespeist werden – will sein Bett gemacht bekommen, stellt Forderungen.

Pflegepersonen helfen zu viel. Wir pflegen sie nach besten Wissen und Gewissen zu Tode (pflegerische Ethik).

Das Bett und das Nachtkästchen sollen rein und glatt überzogen sein. Ein guter Patient liegt in Hab-Acht-Stellung darin. Sein Nachtkästchen ist am besten leer und riecht nach Gewaschenem. Laut Inventar bilden sich Psychiatrien und Altenheime ein, sie seien Spitäler.

Rehabilitativer Charakter einer Anstalt

Heim soll durch Öffentlichkeitsarbeit sein Endstationsklischee verlieren, Hotel-Charakter.

Keine Akzeptierungsbereitschaft schaffen.

Ihn normal behandeln (auch sagen, was mir am Patienten nicht paßt).

Ruhig mit ihm streiten, ihn aus dem Bett werfen, wie zum Beispiel auf der Chirurgie bei Thrombosen.

Uns an das Menschenrecht und an das Recht des Patienten, das er auch beim Gehen stürzen kann, halten.

Er soll Gastbewohner sein und so behandelt werden.

Patient soll aufgeklärt werden, daß er von uns nichts zu erwarten hat. Er soll sich selbst resozialisieren.

Mehr reden als patientenzentrierte Taten. Helfen mit der Hand in der Hosentasche (mit Beratung, Emanzipierung, Wiederherstellung) soll die pflegerische Maßnahme sein.

Wir sollen nur Trainingscamp für ein normales Leben in der Wohnung sein. Für ein normales Leben – Frage, ist unser Nachtkästchen zu Hause leer und fast steril? Stell dir vor, es kommt der Desinfektor nach Hause und desinfiziert deinen Schreibtisch!

Kustodiale Versorgung

Er sammelt altes Brot, Wäschestücke, Geld etc. Aus hygienischen Gründen wird entmistet, immer wieder werfen wir sein Eigentum weg.

Der Fußboden muß rein und sauber sein.

Morgentoilette wird je nach Anstalt um fünf Uhr oder sechs Uhr auf Kommando begonnen. Im Akkord werden die Betten gemacht.

Das Essen hat pünktlich, in Portionen verpackt, auf den immer gleichen Tischen, eingenommen zu werden.

Rehabilitativer Charakter einer Anstalt

Wehe mir wirft einer meine Sachen weg, meine Aufzeichnungen, meine für den Entrümpler unnötigen Bücher.

Natürlich, hie und da fällt schon was runter, besonders wenn die Patienten in der Stadt leben – Schmutz ist Leben.

Ich muß zugeben, daß es mich anfangs auf meiner Abteilung sehr störte, daß die Patienten mit den Schuhen im Bett lagen, daß die Cola-Flaschen am Gang standen, aber ehrlich, das ist das Leben, das ist immer eine andere Ordnung-Unordnung-Realität.

Morgentoilette wird durchgeführt wann er will und wenn er nicht will, na, auch gut. Wen stört's eigentlich – Sie, Frau Kollegin? Ist er verhaltensgestört, so muß er informiert werden, daß uns sein Verhalten stört, er muß es erfahren und wissen. Er soll auch sein Bett machen, wie gesagt, wir sind eher Trainingscamp für Leute, die sich verhältnismäßig richtig verhalten wollen und dies sollen sie lernen. Also nicht sprachlos der Sache gegenüberstehen – informieren, instruieren. Was für die Chirurgieschwester die Pinzette, ist für die Psychiatrieschwester der Mund, das Ohr.

Essen ist, soweit ich mich erinnern kann, ein lustbetonter, triebhafter, aufbauender Vorgang – gestalten wir ihn auch so. Besucher können doch, wenn sie länger bleiben wollen, ihren Verwandten selbst füttern. Wobei auch der somatisch stark abgebaute Patient (auch Parkinsonismus oder mit choreatischen Unruhebewegungen ausgestattete Patient) selber essen sollte. Schreiben Sie eventuell ein paar Portionen mehr auf, nämlich die, die verschüttet werden. Der Alpha-Patient kann doch den schlechteren füttern – da schlagen wir zwei Fliegen mit einer Klappe.

Im Tagesraum ist nicht zu vergessen, es heißt essen und nicht fressen. Gestalte die Essenszeremonie wohnlich. Verschiedene Gerichte kann man mittels Schüsseln auftragen. Das Brot kann in einem gemeinsamen Körbchen stehen (auch sehr abgebaute Patienten begreifen sehr schnell und kommen nicht zu kurz).

Seid füreinander verantwortlich – jeder kann auf den Nachbarn schauen. Nachbarschaftshilfe, so oft zitiert, kann auch unseren Patienten angelernt werden. Auch das Decken des Tisches wird meist vergessen, aber das wird doch wer können!

Tischordnung – wer paßt zu wem?

Patienten können sich auch ihre Speisen individuell nach ihrem Geschmack verändern und dadurch eine häuslichere Situation schaffen.

Oder stört dies alles irgendwen und wenn, warum? Alle diese Vorgänge führen zu gigantischen Verhaltensanpassungen und Änderungen, die wir alleine ohne den Vorgang »Essen ohne Animation« fast nie zusammenbringen würden. Jede Gruppenarbeit, Team etc. dauert viel, viel länger und es werden wieder Ansatzpunkte für die Emanzipation geweckt.

Baden, Nägelschneiden, Decubitusprophylaxe ist pflegerische Grundversorgung, genügt aber bei weitem nicht mehr.

Wenn der Patient so recht und schlecht gehen kann, kann die Animationstätigkeit weiter forciert werden. Aufstellung von zwei oder mehreren Tischen zum gemeinsamen Sitzen und Tratschen. Unsere geriatrischen Patienten sind nicht gewohnt, mit anderen zu reden, sie sind immer schon introvertiert gewesen, sie müssen es lernen, an den Nachbarn heranzukommen, ihn mit Suppe anzuschütten. Dies alles ist nonverbale Kommunikation. Der Animateur für Tischtätigkeiten kann auch ein anderer Patient sein, es muß nicht unbedingt ein ausgebildeter Tagesraumpfleger diese Tätigkeit durchführen, aber es muß die Möglichkeit geschaffen werden.

Liegende Patienten haben es besonders schwer. Sie schauen den ganzen Tag auf eine nackte, weiße Decke. Bilder oder Diabilder projeziert können Interesse und Lebenswillen wecken.

Hernach die Spielweise im Krankensaal: Warum dürfen geriatrische Patienten nicht auf dem Fußboden auf allen Vieren herumkriechen? Sie müssen uns doch zeigen, daß sie nach einem Sturz in ihrer Wohnung in der Lage wären, sich Hilfe zu holen (Telefon eventuell am Boden deponieren).

Hernach leichte Gehübungen (alleine), Rundkurse, die immer wieder beim Bett als Ziel enden und immer weiter ausgedehnt werden können.

Die Privatkleidung wird entfernt, persönlicher Besitz verwahrt. Gegenstände, die Selbstbewußtsein geben, mit denen der Patient sich identifiziert, werden abgenommen.

Belassen Sie den Patienten ihr Eigentum, auch dann, wenn es verloren werden könnte (das kann, wie sie wissen, auch bei Zahnprothesen geschehen. Plötzlich hat sie ein anderer Verwirrter im Mund oder sie ist in der Toilette). Wir müssen zugunsten unserer Patienten diese Verluste verkraften. Besser eine verlorene Prothese als eine, die er nie mehr brauchen wird.

Ich kenne das Problem von Grund auf und weiß, daß bei verlorenen Gegenständen immer die Abteilung als schlampig, unaufmerksam und böse bezeichnet wird. Aber vergessen wir

Kustodiale Versorgung	*Rehabilitativer Charakter* *einer Anstalt*

dabei nicht, das sind wir sowieso, ob jetzt Verwandte über den verlorenen Waschlappen schimpfen oder über den Kaffeefleck einer nicht frisch überzogenen Bettdecke, ist schon egal. Aufklärungsgespräche bei den Verwandten sind daher absolut notwendig. Man muß sich die Zeit nehmen, sie zu instruieren.

Akivitäten zur Befriedigung des schlechten Gewissens:

Filme, Musikaufführungen, Kasperleaufführungen, passives Theater. Die Patienten werden auch gegen ihren Willen hingeschleppt, die Stückzahl muß stimmen.

Aktive Animation ist schwer, sie erfordert tatsächlichen Kontakt zum Patienten:

Patientenparlamente, Ausflüge und Gegenausflüge als Besuch in einem anderen Altersheim – diese sollen uns Retourbesuche abstatten.

Besuchsdienste von außen in die Anstalt einladen, sie bringen neue Belastungen, aber auch neues Leben.

Patienten sollen selbst, je nach ihrem Können, für ihre Kollegen auf der Station Englischkurse, Kochkurse, Kosmetikkurse etc. abhalten.

Kommunikationszentren in Eigenverwaltung. Frau X kann doch Herrn Y die Hose nähen. Weihnachtsaktionen für ärmere Patienten. Diaabende durch Patienten, von Patienten gestaltet, Schachturniere mit kleinen Preisen, Geburtstagsfeste für Patienten von Patienten, Sommerfeste von Patienten für Patienten, Wettschnapsen, Plattenabende von Patienten gestaltet, – unterschiedliche Geschmäcker berücksichtigen – und im Patientenparlament beschließen lassen.

Alle diese Aktivitäten können unsere Patienten erfolgreich selber organisieren. Ich habe meine eigenen Patienten lange unterschätzt und glaubte immer, nur ein von uns organisiertes Fest ist das beste, das man für die Patienten machen kann, und nur dies funktioniert. Ich bin geheilt, ich weiß heute, daß die Patienten allein, ohne unser Zutun (wir Pfleger wußten gar nicht, für was wir anwesend waren), die wesentlich besseren Feste feiern. Dies deckt sich mit meiner Aussage, nichts tun ist die beste Therapie – laßt sie von uns zur Ruhe kommen. Denn der Leitspruch unserer Patienten sollte lauten:

Hilf dir selbst,
sonst hilft dir keiner.

(Kirschner 1978)

Realisierung einer therapeutischen Station für alte Menschen

Wie kann man aus einem Altenheim mit konservativer Denkrichtung ein therapeutisch-rehabilitatives Krankenhaus machen? Man kann, und dies vorwiegend in deutschsprachigen Ländern, es als gegeben betrachten, daß unsere Häuser eine überdimensionale Größe, ungünstige materielle Voraussetzungen, ungünstigen Patienten-Pflegeschlüssel, hierarchischen-bürokratischen Führungsstil und finanzielle Benachteiligung gegenüber anderen medizinischen Sparten aufweisen. Die Patienten können nur unter größter Anstrengung und mit einer gewissen Überforderung des Personals lediglich in ihren Grundbedürfnissen zufriedengestellt werden.

Die psychiatrische oder rehabilitative Behandlung wird von den Ärzten im Stile »professioneller Dominanz« durchgeführt. Die Rolle des Pflegepersonals, das mit den Patienten am häufigsten interagiert, wird im besten Fall auf Zulieferung von Beobachtungen und Mitteilungen beschränkt. Vorwiegend konzentriert sich die Aufmerksamkeit der Ärzte auf körperliche Veränderungen. Psychopathologische Symptome werden häufig unabhängig vom Zusammenhang und Kodex interpretiert. Dies führt im gesamten gesehen zu einer resignativen, frustrierten Tätigkeit des Personals. Die Zuwendung zum Patienten verschwindet noch mehr, und statt des Krankenpflegers entwickelt sich das Bild des Arztpflegers (»Die Nähe des Gottes«).

Unabhängig von dieser eher tristen Situation haben wir unser Dilemma nicht auf sich beruhen lassen und daher eine rehabilitative psychiatrische Krankenpflege installiert.

Wir haben unser Personal in zwei Gruppen aufgeteilt. Jenen, die sich konservativ fühlten, haben wir die Grundpflegetätigkeiten überlassen (sie waren damit zufrieden), und jenen, die sich progressiv genug fühlten, Resozialisierungsaufgaben übertragen. Somit steht uns täglich ein Beidienst zur Verfügung, der sich für Resozialisierungsaufgaben interessiert.

Wenn die Grundpfleger die Rehabilitationspfleger nur akzeptieren, so ist vorerst schon genug im Sinne einer »Rehabilitativen Station« getan, denn schon das Tolerieren dieser Vorgänge benötigt ein ungeheures gruppendynamisches Konzept. Die Grundpfleger müssen nämlich erst erkennen, wie schwierig und mit welcher ungeheuren Belastung zum Beispiel das Straßenbahnfahren mit einem Patienten verbunden ist. Erst dann werden sich beide verstehen und akzeptieren können.

Die Bereinigung von Konflikten im eigenen Pflegekreis ist demnach der erste Schritt zur therapeutisch-gerontologischen Station. In der Folge davon wird man erkennen, daß Resozialisierungspfleger Betten freimachen, die überfüllten Stationen leeren, und daß dann auch die verbleibenden Pflegefälle so betreut werden können, wie es einem Menschen zusteht.

Das Erfolgserlebnis, »Ich als Pfleger im Alleingang« etwas geleistet zu haben, gibt uns weiter Kraft, unsere Station langsam progredient in die neue Richtung zu bringen. Wie kann man aber dabei Resignation vermeiden und Erfolge erringen?

1. Krankenpflege darf nicht Arztpflege sein

Veränderungen der Gedankenstruktur des Personals: Es ist notwendig, die Krankenpflegepersonen wieder zurück zu ihrer eigentlichen Tätigkeit zu führen, Menschlichkeit, Zuwendung, Logotherapie zu üben. Dadurch kommen die Patienten wieder in die Gunst des Personals.

Berufsethische Überlegung: Wir haben die Aufgabe, etwas Gutes zu bewirken, nicht etwas Gutes zu tun – (DÖRNER). Wir sind sogenannte Profi-Ersatzspieler und ersetzen die Angehörigen, das erscheint in Wirklichkeit und bei einer wirklichen Durchführung Arbeit genug. Da auch der Arzt für uns ein »Be-gegner« ist, versuchen wir, ihm »gut Freund zu sein«. Gerade diese Richtung schlägt aber sehr häufig in ein Konkurrenzdenken (auch Nachholbedürfnis) um, und es entsteht eine Feindschaft, die für alle Beteiligten von Nachteil ist.

Durch unsere, mit der Ärzteschaft gepflogene Grundhaltung (Betreuung auf medizinischem Gebiet, Überwachung, daß nichts geschieht) fördern wir auch die Unterforderung des Patienten und züchten auf den Stationen Rehabilitationsleichen, die zum Ausruhen und zur Untätigkeit erzogen werden. Jeder sogenannte gute Patient muß demnach gefordert werden. Erst dann kann von einer modernen Krankenpflege gesprochen werden. Die besten Resozialisierungspfleger sind Menschen, die die Krankenpflege als Zweitberuf angestrebt haben, also alle jene, die die normale Arbeitswelt aus eigenem Erleben kennen.

2. Akzeptierung von Grundpflege- und Resozialisierungspflegepersonal auf der Station

Wir müssen, glaube ich, akzeptieren, daß manche Personen Grundpflegetätigkeiten gerne machen und sich von einer reinen Pflegestation demnach auch nicht versetzen lassen oder nicht bereit sind, ihre Grundhaltung zu ändern. Wir müssen gleichzeitig akzeptieren, daß verschiedene Menschen

eine andere Einstellung und ein anderes Berufsziel haben. Diesen Pflegepersonen kann man beim jeweiligen Frühmorgenrapport mehr Resozialisierungsaufgaben übertragen. Damit sind beide Personengruppen
effizient eingesetzt, und die Arbeitsleistung wird sich auch ohne Personal-
vermehrung vermehren. Die Aussagen »Überforderung«, »zu wenig Personal«, »Ich möchte und kann nicht mehr« ergeben sich meist nur aus einer
psychischen Überforderung eines uneffizienten Personaleinsatzes.

3. Pflegediagnose
Die Pflegediagnose sowie die Impulse (Pflegemaßnahmen) auf seelischer
Ebene müssen erarbeitet werden. Pflegevisiten erhöhen nicht nur die
psychiatrische Pflegequalität, sondern auch das Image der Stationsbe-
diensteten.

4. Einführung der Übergangspflege für alle

5. Frühpensionierung der Bremser
Personal, welches zu starke Abwehrmechanismen zeigt und daher die Station nur behindert, muß entlassen beziehungsweise versetzt werden.

6. Umstrukturierung der Spitalshierarchie
Umlernprozesse im Sinne eines multiprofessionellen Teams sind erforderlich. Die Pflegepersonen müssen teamfähig werden, und dies ist nur
mit einer gehörigen Portion Fachwissen möglich.

7. Umschulung des Personals
Die Rehabilitation des Patienten muß das oberste Ziel des Pflegepersonals
sein. Von der Irreversibilität einer Behinderung darf man bei der Pflege
nicht ausgehen. Mit der Neudefinition der Ziele auf der Station (re-animie-
ren statt zu Tode pflegen) muß eine Neuorientierung an den Krankenpfle-
geschulen einhergehen. Die Lerninhalte sollten stärker sozialgeriatrisch
und interventionsgeriatrisch ausgerichtet werden.

8. Pflegepläne gemeinsam erstellen
Verwandte werden mit einbezogen. Meist benötigen sie bei der Bewältigung des Problems mehr Unterstützung, mehr Trost als die Patienten
selbst. Beim Team können sie in einem geschützten Arbeitsprozeß mit
integriert werden. Es werden somit soziale Kontakte erhalten.

9. Abbau der eigenen Ängste

Naturgemäß treten beim Arbeiten immer Konflikte auf, die erkannt und gelöst werden müssen. Sie kommen zum Teil aus traditionellen Haltungen der Teammitglieder, aus der Fehleinschätzung der eigenen und der Leistungsfähigkeit anderer, aus übergroßem Engagement oder aus Angst vor der Übernahme der Verantwortung und aus Eigenneurosen. Durch Teamgeist (auch durch Praxisanleiter) können Ängste, Unsicherheiten (Logotherapie) auf ein Mindestmaß reduziert werden.

Es gilt, den biologischen Abbau zu verzögern, Aktivitäten zu erhalten. Der Eintritt einer Hilflosigkeitssituation und die damit verbundene Veranlassung einer Betreuung (Heimhilfe, Altenpflege oder gar Altersheim) gilt heute noch als letzter Schritt vor dem Tod. Unsere Betreuer werden von der Zielsetzung geleitet, dem Patienten einen angenehmen Lebensabend sicherzustellen. Die ganze Liebe und Bemühung des Personals richtet sich darauf, die letzten Tage zu verschönern, zu erleichtern. Für die Patienten bedeutet dies aber den Verlust jeder Hoffnung, wieder gesund, aktiv oder unabhängig zu werden. Ihre Zukunft enthält nicht die Option der Besserung. Das sollte unter Beachtung der modernen reaktivierenden Perspektiven nicht so sein.

Anstatt nur auf den Tod zu warten, können die Menschen hoffen und durch ihr eigenes Verhalten dazu beitragen, daß sie weniger pflegebedürftig werden und in einigen Fällen das Heim wieder verlassen können.

Fortbildung von Personal

Ausbau der Ausbildungen in berufsbegleitenden Kursen für die Nachsorgeeinrichtungen. Hier seien vor allem die Berufsgruppen der extramural Tätigen erwähnt:
Heimhelfer,
Besuchsdienste,
Kontaktdienste,
Altenpflegerinnen.

Erst wenn alle in diesem Team Tätigen dasselbe Endziel anstreben, nämlich den Senior solange als möglich in seinem Milieu zu halten oder ihn nach einer Aufnahme im Krankenhaus wieder in sein Milieu zurück zu bringen, kann eine sinnvolle und erfolgversprechende Umstrukturierung der Geronto- und gerontopsychiatrischen Netzversorgung entstehen. Dabei ist es nicht nur notwendig, dem Leben Jahre zu schenken, sondern auch den Jahren Leben, das heißt, daß auch in den präventivtätigen, extramuralen Institutionen die Beratung, die Erhaltung der Selbstachtung, des Selbstvertrauens, des Copings, der Eigenverantwortlichkeit und so weiter gegenüber einer Vollversorgung im Vordergrund stehen. Auch diese Institutionen müssen neue Grundsätze erlernen und durchführen.

In Amerika erkennt man immer mehr, welche wichtige Rolle der Hauspflegedienst bei der Entdeckung, Behandlung und Betreuung von Patienten spielt, die an emotionalen (gefühlsmäßigen) Störungen leiden oder erst kürzlich aus einer psychiatrischen Anstalt entlassen wurden.

Verbesserte Behandlungsmethoden, die auch die Anwendung von Pharmaka (und dessen Nebenwirkungen) einschließen können, haben es ermöglicht, viele psychiatrische Patienten aus den Anstalten zu entlassen und wieder in die Gesellschaft einzugliedern.

Die früher ablehnende Haltung gegenüber Mentalpatienten (Psychiatrie-Patienten), die zu Isolierung führte, wird jetzt schrittweise abgelöst durch die Einsicht, daß auch diese Menschen Rechte haben und daß sie die Möglichkeit zur Verbesserung ihres Zustandes in sich tragen.

Durch den Ausbau eines umfassenden Systems von unterstützenden Maßnahmen versuchen die öffentlichen Träger, das menschenfeindliche, ineffektive und kostspielige System der Institutionspflege abzubauen. So wie in Amerika (zum Beispiel in Indiana, New York-City, Baltimore,

Maryland und so weiter) hat sich auch in Wien für geronto-psychiatrische Patienten ein System von nachgehenden Institutionen installiert, das versucht, das Los der Geronto-Patienten wesentlich zu verbessern. Nachstehend folgt eine Zusammenfassung der Schlußfolgerungen aus den in Amerika gemachten Erfahrungen:

- Hauspflegedienste bei Geisteskranken und Personen mit emotionalen Störungen erfordern besondere Ausbildung, Anleitung und Bewertung sowie eine aktive Unterstützung durch geschulte Kräfte, wenn diese Dienstleistung einen Kernbestandteil der mentalen Gesundheitspflege der Gemeinde bilden soll.

- Personen und Familien mit Störungen kann durch den Einsatz einer Hauspflegerin geholfen werden. Anwärter für diesen Beruf kann man aus allen Altersgruppen im Bereich von 18 bis zu 70 Jahren und den verschiedensten Bevölkerungsgruppen in sozialer, wirtschaftlicher und ethnischer Hinsicht heranziehen, vorausgesetzt, daß sie die erforderlichen persönlichen und ausbildungsmäßigen Voraussetzungen mit sich bringen.

- Hauspflegerinnen, denen man die Betreuung Geisteskranker und gestörter Personen anvertrauen will, muß man sorgfältig auswählen. Sie müssen besonders geschickt sein, eine eigene Persönlichkeit besitzen und von einer geschulten Kraft angeleitet werden. Ferner müssen sie in Notsituationen sofortige Hilfe beanspruchen können.

- Die Anleitung der in der Mentalpflege tätigen Hauspflegerinnen wird durch regelmäßige eingeplante Besprechungen, einzeln oder in Gruppen, gefestigt.

- Aufstiegsmöglichkeiten nach erfolgreich absolvierter Fortbildung, zum Beispiel in Anerkennung seitens der Kollegen mit qualifizierter Ausbildung, bilden den Ansporn zu verbesserten Leistungen und besserer Arbeitsmoral.

- In Gebieten, in denen die Hauspflege das hauptsächliche Dienstleistungsangebot darstellt, können deren Aufgaben ausgebaut werden und unter anderem vorbeugende Maßnahmen, Erhebungen, Einweisungen umfassen.

- Hauspflegerinnen kommen oft aus der gleichen Sozialschicht wie ihre Klienten und sind daher imstande, schneller als andere vertrauensvolle Beziehungen zu ihnen aufzubauen und somit ihre Aufgaben in der Betreuung von Menschen mit seelischen Störungen zu erfüllen.

- Hauspflegerinnen können wesentliche Beiträge zu der gemeinsamen Arbeit des Behandlungsteams liefern, vor allem, wenn dies von den qualifizierten Mitgliedern des Teams anerkannt wird.

Hier in Wien handelt es sich vorwiegend um das schon installierte Netzwerk einer ganzheitlichen Versorgung.

1. Soziale Stützpunkte der Medizinischen Akademie 12.
2. Kuratorium für Psycho-Soziale Dienste als vorbeugende Maßnahmen (Prävention).
3. Übergangspflege. Überbrückung der Kluft zwischen intramuraler (in einer Anstalt) und extramuraler (offene Altenhilfe) für gerontopsychiatrische Patienten.
4. Heimhilfen (und ihre Organisationen), die sich für psychische Patienten und Fortbildung auf diesem Gebiet entschlossen haben.

Wie die Erfahrung zeigt, haben die qualifizierten Heimhelferinnen wesentlich weniger Probleme im Umgang mit psychisch auffälligen Patienten, ihre ihnen übertragenen Aufgaben können sie zum Teil durch Fachwissen erledigen. Wesentlich schwieriger haben es hingegen die Heimhelferinnen ohne Ausbildung. Ihre Pflichten (ihr Verantwortungsbewußtsein) müssen sie rein gefühlsmäßig verkraften. Sie kommen dadurch immer wieder in Gewissenskonflikte.

Das Pflichtgefühl wird beim unausgebildeten Personal zur Quelle der Überbelastung. Um diese zu bannen, hat man sich in Amerika entschlossen, zwei Gruppen von Heimhelferinnen zu installieren.

Um eine pflegebezogene Literatur für Akteure der offenen Altenhilfe zu erstellen, interessierten wir uns vorerst für die Sorgen, die die Betreuerinnen bewegten, die ihnen in der täglichen Praxis begegneten oder begegnen würden. So stellten wir durch eine Fragebogenaktion bei Heimhelferinnen und Schwestern fest, daß es vorwiegend um den sogenannten bösen, nicht willigen (Alpha) Patienten geht, der die Gefühle der Betreuer belastet. Der Unterschied zwischen »bösen« und »guten« Menschen macht sich also nicht nur in unserem täglichen Leben (Prägung), sondern auch bei der Betreuung dieser Patienten bemerkbar. Man betreut (umsorgt, verhätschelt) viel lieber den sich führenlassenden, den kindlichen (regredierten), den für jeden Handgriff dankbaren Patienten.

Allerdings darf ich erwähnen, daß gerade die Hauskrankenpflegedienste nicht nur die Aufnahme verhindern, sondern auch so weit verzögern können, daß eine spätere Rehabilitation fast unmöglich erscheint. Das heißt, daß wir mit einer Zunahme von Klienten mit psychischer und/oder somatischer Pflegebedürftigkeit zu rechnen haben, sowie mit vermehrter Sterbebegleitung im Wohnzimmer. So daß sich die Übergangspflege vorwiegend ins Schwerpunktkrankenhaus und präventiv in die Wohnungen verlagern wird.

Belastung und Reaktion

Die schon oft erwähnte Mangelausbildung der Altenbetreuer führt, wie beim Verwandten, zu einer emotionalen Überreaktion auf die Symptome unserer Klienten. Viele meinen, daß ein Patient nicht will, und können nicht erkennen, daß er nicht kann. Dann reagiert der Betreuer mit Flucht, Aggression, oder er ist frustriert, weil seine guten Ratschläge nicht befolgt werden.

Im Rollengefüge der Versorgung spielt aber jeder Betroffene seine eigene, ihm zugewiesene Rolle und erhält auch dadurch eine eigene, ihm zugewiesene Pflicht. Hält er diese nicht ein, ist mit Konflikten zu rechnen. Es gibt die Rollen der:
Patienten,
Angehörigen,
Profi-Betreuer und
freiwilligen Helfer.

Der Patient

Der Patient hätte die Pflicht, sich als Patient zu benehmen. Er sollte:
brav im Bett liegen,
die Anordnungen des Betreuers befolgen,
dankbar sein, weil wir ihm unser Leben schenken,
freundlich sein,
sich von uns trösten lassen
und uns als besten Menschen der Welt akzeptieren.

Werden diese Punkte von ihm *nicht erfüllt* (der sture Kerl), dann kann man ihn unter *böse, böswillig, nicht folgsam* (erwachsen – stur – eigenwillig) einreihen.

Leider müssen wir aber festhalten, daß es den sogenannten bösen Patienten oder den, der uns aus Böswilligkeit Ärger macht, eigentlich nicht

40

gibt. Dann gibt es aber auch eigentlich nicht den lieben, gutmütigen Patienten, auch dieser Mensch handelt nur nach seinem Lebensmuster (Rolle) – er weiß, wenn er freundlich ist, bekommt er alles. (Auch ein Baby weiß schon: Wenn es lacht, bekommt es Zuwendung.)

Jedes dieser Verhaltensmuster kann man als »Rollenspiel des Patienten« bezeichnen. (Wie komme ich am besten mit meiner Umgebung aus – wie komme ich am besten durch.) – So gibt es den aus dem Leben geprägten (gezeichneten)

Geizigen,

Optimisten,

Pessimisten,

immer sich Durchsetzenden,

den sich immer Fügenden (lächelnd, freundlich).

Man muß aber bedenken, daß wir nicht mit allen Leuten gut Freund sein können und daß somit Konflikte als normal, sogar als gesund angesehen werden können.

Der Angehörige

Der Angehörige, wenn er versucht seinen Angehörigen zu betreuen – aus innerem Zwang oder moralischer Pflicht –, wird eines Tages möglicherweise selber zusammenbrechen. Er ist durch die uns anerzogene moralische Pflicht gezwungen (Über-Ich-Normen), wen zu betreuen. Er ist zu wenig Egoist, um sich aus solchen Zwängen herauszuhalten. Diese Zwänge führen häufig zu psycho-somatischen oder neurotischen Störungen aufgrund verdrängter Konflikte.

Beispiel: Die Tochter möchte tanzen gehen – sie betreut ihren kranken Vater, will aber eigentlich nicht. Ihr Über-Ich fordert: »Betreue ihn, er ist dein Vater.« Nach Jahren stellen sich Erbrechen oder Magengeschwüre bei der Tochter ein.

Die uns übertragene »moralische Pflicht« hat den in unserem Sprachgebrauch verwendeten Begriff des »aufopfernden Verwandten« zum Opfer gemacht.

Der Angehörige betreut seinen Verwandten:

• Nur mit Gefühl (*Mitleid, Liebe, auch Zorn*) ohne Fachwissen. Er weiß auch nicht, warum sein Verwandter wirr ist – oder wie er mit ihm reden soll.

• Er muß überall nachgeben, er kann doch seinen Vater nicht rügen.

- Er kränkt sich.
- Er schämt sich (mein Vater der Verwirrte – was werden die Nachbarn sagen?).
- Was redet man über mich? Werde ich im Alter auch wirr?

Der Profi-Betreuer

Er bekommt für seine Tätigkeit – Ersatzspieler-Rolle für Verwandte – bezahlt, es entsteht also eine berufliche Pflicht. Hier steht nicht die Gefühlswelt im Vordergrund, sondern das fachliche Wissen. Hier muß man zwischen qualifizierter oder unqualifizierter Ausbildung unterscheiden:

Personal mit qualifizierter Ausbildung	*Personal ohne qualifizierte Ausbildung*
leidet psychisch weniger	leidet psychisch mehr,
erscheint härter –	weiß nicht was richtig und was falsch
kann auch im richtigen Augenblick	ist und handelt daher nach Gefühl,
›Nein‹ sagen	Mitleid – Angst – Unsicherheit
führt auch gezielte Streitgespräche	sinkt ins Kindheits-Ich
bleibt im Erwachsenen-Ich	

Die bei unserer Tätigkeit in den Vordergrund gerückte Gefühlswelt lähmt uns. Damit erscheint optimales Helfen (auch rationales Helfen) bei Profis als Gleichgültigkeit und wirkt dadurch »herzloser«.

Ich glaube, daß die richtige Mischung aus Wissen und Ethik (Herz) die wesentlichste Voraussetzung für die Befriedigung beider Teile darstellt.

Der freiwillige Helfer

Sein Rollenverständnis ist, »er will was tun«. Er hat aber keine berufliche Pflicht – keine moralische Pflicht, er kann keine Fehler machen, er ist unvoreingenommen. Nur er könnte es sich leisten, emotionale (gefühlsbetonte) Bindungen zu seinem Patienten einzugehen (Übertragung-Gegenübertragung).

Wir müssen also daraus schließen, daß Betreuung (Obsorge) für einen Menschen nur entweder als Laie – oder als geschultes Personal tragbar sein kann.

Gerade in der heutigen Zeit, wo vermehrt Patienten aus den verschiedensten Krankenhäusern vor ihrer vollkommenen Genesung in ihre Wohnung entlassen werden, wird die Problematik der nachgehenden Versorgung immer schwieriger und die Verantwortung immer größer.

Wir versuchen in diesem Lehrbuch insbesondere auf die Problematik von sogenannten Geistes-Gestörten oder, wenn Sie wollen, psychisch veränderten Personen und den Umgang mit ihnen einzugehen. Insbesondere bewegt uns der Umgang mit Klienten, die eine primäre oder sekundäre Demenz aufweisen.

Das Rollenspiel des jugoslawischen Hausmeisters

Der Erstausgang mit der Patientin K. in Wien 7 verlief nicht zur vollsten Zufriedenheit aller Beteiligten. Frau K. ging an ihrer Haustür vorbei, meinte aber, das Tor schaue ihrem schon sehr ähnlich, aber Moment, vielleicht im nächsten Haus? Zur Ablenkung, damit sie nicht so dumm erscheint, meint sie zu mir, daß ihre Augengläser auch nicht mehr die besten sind und daß vielleicht das Haustor doch…? oder nicht…? Sie meinte, sie bräuchte einen Sprachlehrer, denn sie spräche nicht sehr gut. Eigentlich fiel ihr nichts ein, was sie hätte sprechen können, denn sie war cerebral vollkommen abgebaut.

Nun waren wir endlich mit Husten und ein bißchen Nachhelfen im Haus. Stiegen steigen ging wieder. Im ersten Stock erreichte uns der jugoslawische Hausmeister (ein halbes Jahr in Wien lebend, deutschsprechend). »Hallo, Frau K. … sama wieder Wohnung, nigs mehr Spital? (Wiederholung des Satzes dreimal) Zettel von Polizei steckt noch an ihrer Tir, muß ma wegnehma.«

In der Wohnung angelangt, benahm sich die Patientin situativ nicht angepaßt, war überfordert, sah einen Straßenbahnfahrschein als wichtigstes Problem und übersah dabei, daß beim Gasofen alle drei Flammen seit zwei Monaten (so lange war sie im Spital) brannten! Die Wohnung war vollkommen überhitzt. Nach einer Intensivförderungszeit nahmen wir von der Wohnung Abschied.

Im Parterre stand der Hausbesorger und wartete. Er meinte zu mir (da ich einen weißen Dienstmantel anhatte und daher arztähnlich aussah): »Is a gute Frau, Frau K. …, vergißt nur hie und da Wohnungsssschlüssel. Is halt so alt im Kopf, muß ma was tun – am besten, sie werden ja wissen, muß man sie geben in Heim Rochus, na do im 14. Bezirk, da hat's gut.« (Das Rochusheim im 14. Wiener Gemeindebezirk ist von einem Spitalsbetrieb in ein Altersheimbetrieb umgewandelt worden. Dies wissen nicht einmal die meisten Wiener Spitalsbediensteten.) Auch er meinte es gut: Aus den Augen, aus dem Sinn. So geliebt und umsorgt werden unsere Alten, alles kümmert sich in echter Zuneigung!

Übung

	1. nicht vorhanden	2. andeutungsweise	3. schwach	4. mäßig	5. deutlich	6. stark	7. sehr stark

Kennen Sie diese Wortinhalte?
Lassen Sie von mehreren unterschiedlichen Betroffenen diesen Patienten-Beobachtungsbogen ausfüllen. Was kommt dabei heraus?

Körperbezogenheit
Grad der Anteilnahme am körperlichen Gesundheitszustand. Bewerten Sie nur den Grad, in dem die körperliche Verfassung vom Patienten als Problem angesehen wird, gleichgültig ob eine entsprechende körperliche Symptomatik vorliegt oder nicht.

Angst
Besorgnis, Befürchtungen, Überbesorgnis in Bezug auf die Gegenwart und Zukunft. Bewerten Sie nur die verbalen Äußerungen des Patienten über sein subjektives Erleben. Es soll nicht von körperlichen Symptomen oder neurotischen Abwehrzeichen auf Angst geschlossen werden.

Emotionale Zurückgezogenheit
Mangelnder emotionaler Kontakt zum Interviewer in der Interviewsituation. Bewerten Sie nur das Ausmaß der »emotionalen Zurückgezogenheit« in der Interviewsituation.

Zerfall der Denkprozesse
Grad in dem der Denkprozeß verworren, inkohärent oder zerfahren ist. Bewerten Sie diesen nur aufgrund der verbalen Äußerungen des Patienten und nicht auf den subjektiven Eindruck des Patienten.

Schuldgefühle
Überbesorgnis oder Gewissensbisse wegen früherem Verhalten. Bewerten Sie das subjektive Schulderleben aufgrund der verbalen Äußerungen des Patienten und seiner affektiven Beteiligung. Es soll dabei nicht von Angst, Depression oder neurotischen Symptomen auf Schuld geschlossen werden.

	1. nicht vorhanden	2. andeutungsweise	3. schwach	4. mäßig	5. deutlich	6. stark	7. sehr stark

Gespanntheit
Körperlich motorische Anzeichen für Gespannt-heit, »Nervosität« und allgemein erhöhte Aktivi-tät. Bewerten Sie nur die körperlichen Anzei-chen von Gespanntheit, nicht das subjektive Erleben des Patienten.

Manitiertheit
Auffälligkeiten der Psychomotorik, unübliches motorisches Verhaltensbild, das bestimmte psy-chisch Kranke aus der Gruppe der »Normalen« heraushebt. Bewerten Sie nur die Abnormität des Bewegungsbildes und der Ausdrucksmoto-rik, nicht einfach die erhöhte motorische Aktivi-tät.

Größenerleben
Überhöhtes Selbstgefühl, Überzeugung, im Be-sitz ungewöhnlicher Kräfte und Fähigkeiten zu sein. Bewerten Sie nur die verbalen Äußerungen des Patienten über sich selbst oder im Vergleich zu anderen, nicht jedoch das Verhalten in der Interviewsituation.

Deprimiertheit
Mutlosigkeit, Traurigkeit. Bewerten Sie nur den Grad der Traurigkeit, nicht mit Depressionen verbundene Begleitsymptome wie körperliche Beschwerden, Verlangsamung oder körperliche Abgeschlagenheit.

Feindseligkeit
Animosität, Geringschätzung, Verachtung, Feindseligkeit gegenüber Personen außerhalb der Interviewsituation. Bewerten Sie nur die ver-balen Äußerungen des Patienten über Gefühle und Handlungen anderer gegenüber. Es soll nicht von neurotischer Abwehr, Angst oder kör-perlicher Gespanntheit auf Feindseligkeit ge-schlossen werden. Das Verhalten dem Interview-er gegenüber wird extra bewertet (siehe unter Kooperation).

45

	1. nicht vorhanden	2. andeutungsweise	3. schwach	4. mäßig	5. deutlich	6. stark	7. sehr stark

Mißtrauen, paranoide Inhalte
Überzeugung (wahnhaft oder nicht), daß andere jetzt oder früher böswillige oder diskriminierende Absichten gegenüber dem Patienten haben oder hatten. Bewerten Sie nur solche Verdächtigungen, die vom Patienten als zur Zeit bestehend angegeben werden, gleichgültig ob sie derzeitige oder frühere Ereignisse betreffen.

Halluzinationen
Wahrnehmungen ohne entsprechende äußere Reize. Bewerten Sie nur solche Erlebnisse, die in der letzten Woche aufgetreten sind und die sich deutlich vom Denken und der Vorstellung Normaler abheben.

Antriebsminderung
Schlaffe Haltung, Verlangsamung von Bewegungen und Sprache, Bewegungsarmut. Bewerten Sie nur das beobachtete Verhalten und nicht das subjektive Erleben des Patienten.

Mangelnde Kooperation
Unfreundlichkeit gegenüber dem Interviewer, Widerspenstigkeit, Mangel an Bereitwilligkeit zur Mitarbeit. Bewerten Sie nur das Verhalten und die verbalen Äußerungen innerhalb der Interviewsituation, aber nicht gegenüber anderen außerhalb der Interviewsituation.

Ungewöhnliche Inhalte
Ungewöhnliche, seltsame, bizarre, fremdartige Denkinhalte. Bewerten Sie nur das Ausmaß der Ungewöhnlichkeit. Formale Denkstörungen sind bei Beobachtung des Denkprozesses zu berücksichtigen.

Affektive Abstumpfung, Verflachung
Reduzierte Emotionalität, blasses Erleben und Fühlen.

1. nicht vorhanden

2. andeutungsweise

3. schwach

4. mäßig

5. deutlich

6. stark

7. sehr stark

Erregtheit
Erhöhung des emotionalen Tonus, Agitiertheit, erhöhte Reaktivität. Hastige, beschleunigte Sprache. Achten Sie auf aufbrausende verbale Äußerungen. (Nicht mit der inneren Gespanntheit zu verwechseln!)

Desorientiertheit
Bewertung der falschen Assoziationen von Personen, Ort und Zeit.

Der Alterungsprozeß psychogeriatrisch betrachtet

Älter werden bedeutet, sich ändern, bedeutet Einschränkungen, Einengungen, mit denen man bei geeigneten Copingmaßnahmen allerdings gut leben kann. So ist es verständlich, daß es heute sogenannte junge Alte und alte Alte gibt. Es darf dabei nicht unerwähnt bleiben, daß in vielen Fällen die Ausgangsleistung mit der Endleistung in enger Verbindung steht. Denn auch für die Hirnleistung trifft der Spruch zu: Wer rastet, der rostet.

In den schlechtesten Fällen kommt es zur Kummulation mehrerer Faktoren, die entweder kompensiert werden können oder zur Dekompensation führen.

Prämorbide Behinderungen

Der Abhängigkeit des Menschen in den Phasen von der Geburt bis zur Spätpubertät entspricht spiegelbildlich der Situation des alternden Menschen: Er ist das Kind ohne Zukunft.

Betreuung von alternden Menschen ist die Aufarbeitung ihres Lebens, wie sie es lernend erfahren haben. Wir können ihr Verhalten nicht stark beeinflussen. Sie sind geprägt. Wir können nur versuchen, den Patienten zu lehren, daß er sich versteht (bei leichten Formen der Altersveränderung), sonst hat der Patient nichts davon, wenn wir ihn verstehen.

Bei schweren Formen des hirnorganischen Abbauprozesses (zum Beispiel progrediente primäre Demenzen), bei denen ein Einstieg über die kognitive Ebene nicht mehr möglich ist, versuchen wir es über die emotionale Ebene.

Wir sollten und müßten auch seine prämorbiden Schäden, seine Prägungsmuster, seine Sozialisationsprozesse verstehen, um die Re-aktivierung individuell auf ihn abstimmen zu können. Die Lebensgeschichte wird durch verschiedene Faktoren geprägt, so daß man zum Beispiel von zwei verschiedenen Grundstimmungen ausgehen muß:

1. mißmutige Menschen, die der Jugend nachtrauern, vielleicht schon immer Pessimisten waren. Sie finden alle anderen Menschen böse, sagen zu allem als Abwehrmechanismus *Nein*.

2. Menschen, die das Lächeln der Weisen haben, die interessiert und neu-

gierig bleiben und die Schwächen des anderen verstehen und tolerieren. Das heißt, daß die Menschen eine Einstellung positiver oder negativer Natur zum Leben und zu ihren Mitmenschen haben. Das Gehirn ist eine voll beklebte Plakatwand aus Erfahrungen.

Unsere derzeitigen Patienten haben folgende Prägungsmerkmale:

Generationspezifische Prägungsmuster

Autoritätsdenken: Sie wurden dazu erzogen, wenig Ich-Bewußtsein zu haben, das heißt, der Chef, der Vater, der Höhere wird's schon richten. Dem muß man folgen, sonst geht es mir schlecht!
Pflege: Dienstkleidung repräsentiert eigentlich auch Autorität. Wir dürfen daher unseren weißen Mantel, unser grünes Kleid nicht ausnützen, da es sonst zu einem Autoritätsgefälle kommt und der Patient uns nur folgt, weil wir Autorität verkörpern, und das ist keine gute Basis für einen Vertrauensgrundstock.

Geringe Verbalisierbarkeit: Unsere geriatrischen Patienten haben nicht gelernt, »ihren Mund« immer richtig einzusetzen. Es mangelt ihnen an einem entsprechenden Wortschatz. Sie sind daher den heute Ausgebildeten (auch Hauptschule) weit unterlegen.
Pflege: Versuchen Sie einfache, nicht komplizierte Satzstellungen. Ein normales, einfaches, offenes Gespräch und langsam gesprochen (der Mensch ist so alt wie seine Adaptionszeit) gibt dem Patienten Ruhe, und er kann Ihnen geistig folgen.

Stille Leider: Unsere Patienten haben in der Kriegszeit gelernt, viele Sorgen und Entbehrungen auf sich zu nehmen, ohne daß sie sich besonders wehren oder bösartig auf ein schlechtes Leben reagieren.
Pflege: Achten Sie darauf, daß unsere Probanden nicht alle Leiden und Schwierigkeiten (auch organischer Natur) aussprechen, sondern daß sie still vor sich hinleiden, und dies kann nicht der Sinn einer Versorgung sein.

Mangelnde Schulbildung: Dieses Thema ist sicherlich mit den Sätzen über die geringe Verbalisierbarkeit identisch.

Eigentumsdenken: Diese Menschen haben sich mit viel Mühe und harter Arbeit eine Wohnung und Eigentum geschaffen. Viele Entbehrungen waren notwendig.

Pflege: Die Patienten hängen an allem, auch uns unverständlichen Sachen. Lassen Sie dem Patienten die Wohnungsschlüssel, sie zeigen Besitz an. Lassen Sie ihm sein Gerümpel. Es ist sein Leben, nicht unseres. Wir können nicht entscheiden, welche Gegenstände für den Patienten Lebenserinnerungswert haben.

Individuelle Prägungen (Beispiele)

Ich will mich nicht waschen! Vielleicht ist die Abneigung, sich zu waschen, in früherer Jugend entstanden. Dieser Mensch ging vielleicht nur unter Zwang zum kalten Brunnenwasser. Er ist negativ geprägt und will nicht.

Sammeltrieb: Er lebt im Altgedächtnis. Die Russen haben ihm immer das Brot weggenommen, nun muß er es verstecken und sparen. Morgen könnte keines mehr da sein oder vielleicht gestohlen werden.

Wohnungsneurotiker: Er geht nicht spazieren, er läßt sich nicht aktivieren, er geht nicht in den Park (er ging nie!). Er hatte sein ganzes Leben Angst vor der bösen Umwelt. Er versteckt sich in seinen vier Wänden und rührt sich nicht raus.

Das Versteckspiel mit Wertsachen: Immer wurde ihm alles weggenommen. Er muß sich ein Nest bauen für seine Wertsachen, womöglich täglich woanders, so daß es die Fremden nicht finden. Durch die Vergeßlichkeit, die im Alter hinzukommt, werden die Wertsachen aber auch von ihm selbst nicht mehr gefunden. (Der Beginn liegt aber in der Jugend, in der Lebensprägung).

Der Berufsgeprägte: Der geprägte Bauarbeiter möchte als Heimhilfe, als Betreuer natürlich einen Bauarbeiter. Er versteht ihn, er versteht seine Sprache, seine jeglichen Sorgen und Schwierigkeiten. Der geprägte Akademiker möchte auch mit seinem Betreuer reden können, seine Thematik aus dem Altgedächtnis bearbeitet wissen.

Ethische Prägung: Reden Sie einen praktizierenden Katholiken, einen eingefleischten Sozialisten etc. nicht mit den falschen Worten an – ein Dauerkampf beginnt.

Unordentliche, bis zur Verwahrlosung neigende Menschen: Auch diese Menschen waren immer so. Wer innere Ordnung hat, braucht keine äußerliche. Für jeden gilt eine andere Nestordnung. Was für uns schmutzig ist, ist vielleicht für den Patienten schon zu steril. Fühlen Sie sich nicht beleidigt, wenn ein Mensch nicht Ihre Ordnung will. Zwingen Sie ihm nicht diese auf.

Er ißt nicht: Meistens, wenn man Organisches ausschließen kann, der Wunsch nach vermehrter Zuwendung. Erpressung des Betreuers.

Abneigung gegen die Toilette: Er geht nur auf den Kübel in der Wohnung oder gar ins Bett. Meist als Reaktion einer Frustrierung oder Angst vor dem Alleinsein, Angst vor dem engen Raum. Versuchen Sie, ohne Korrektur und ohne Schimpfen das Problem zu bewältigen. Danach führen Sie ein Realisationstraining durch.

Welche Vorprägungen, die uns bei der Pflege irritieren, fallen Ihnen noch ein?

_____

_____

_____

Diverse Vorschäden

Nicht alle Menschen sind nach dem Lehrbuch als ganz normal anzusehen. Viele leben mit leichten seelischen Behinderungen ein ganzes Leben. Diese Behinderungen können aber im Alter der gezielten Pflege einige zusätzliche Probleme aufgeben. Gemeint sind psychologische Aspekte, die hier aber nur kurz erwähnt werden sollen. Sie tragen aber zum Verständnis für gerontopsychiatrische Patienten bei. So gehen Fehlverhalten und Neurosen mit bestimmten Abwehrmechanismen einher wie Regression, Sublimierung, Verdrängung, Projektion und Isolierung.

Ferner können unsere Patienten Primärerkrankungen haben, zum Beispiel:
Alkoholismus,
Schizophrenie,
Medikamentensucht,
endogene Depression,
endogene Manie.

Auch diese Krankheitsbilder führen zu einer Verschlechterung des jeweiligen Gesamtzustandes und erschweren die Konzeption eines Pflegeplanes.

Umgang mit Prägungsphänomenen

Diese Vorschäden und ihre Beachtung führen zu folgendem Pflegeplan:
1. Verständliche Reaktionen sollen zu verstehenden werden.
2. Die Erforschung der Lebensgeschichte bildet den Ausgangspunkt für jede weitere Maßnahme. (Umgangssprache, Aktivierungsmöglichkeit und das Zeitliche müssen erforscht werden, wie hat mein Proband seine Konflikte immer gelöst, welchen Stil hat er benutzt? Lernt er besser früh oder abends, per Gehör oder per Schrift?) Nur so, wie er immer sein Leben meisterte, bin ich in der Lage, einen Einstieg zu finden.
   Anlegen einer Pflegegeschichte (Konfliktgeschichte).
3. Keine Behandlung ohne lebensgeschichtlichen Bezug. Aktivierung soll Freude machen und nicht nur zu einer Aktivierung um jeden Preis (das sich der Therapeut freut) werden.
4. An das gelernte, erlernte Leben anknüpfen. Nicht das Angebot, welches die Klinik bietet (zum Beispiel Probeküche) berücksichtigen, sondern das Angebot, das der Patient uns macht.
5. Aufrechterhaltung von Eigenverantwortung (Coping), um das Selbstbewußtsein des Patienten zu aktivieren.

In Wien fand vor einiger Zeit die Ausstellung »Maria Theresia und ihre Zeit« im Schloß Schönbrunn statt. Wir nahmen dies zum Anlaß, unsere These der Animation aus dem Altgedächtnis praxisrelevant zu überprüfen. Ein Ausflug mit 20 Senioren, ehemals Patienten der Psychiatrie, durchweg mit der Diagnose organische Hirnsuffizienz, fand statt.
Die Rechnung ging auf – die im Altgedächtnis lebenden Damen und

Herren gingen aus sich heraus, sie wurden aktiv, sie erzählten uns von damals. Sie erklärten uns Zusammenhänge und Vorgänge aus dem Ersten Weltkrieg und aus der Zeit von Kaiser und Monarchie.

Ich muß zugeben, einige meiner Kollegen ebenfalls, daß wir noch nie einen so eindrucksvollen und zeitnahen Geschichtsunterricht erhalten haben. *Wir haben von unseren Patienten gelernt.*

Das Altgedächtnis, die Prägungen, das tiefsitzende Wissen und die Erfahrungen wurden uns zum Nutzen – so konnten wir Interesse nicht nur heucheln, sondern auch zeigen – sie waren uns trotz »Diagnose« in dem Moment doch weit überlegen. Wir mußten nur lernen zuzuhören.

Ein gemeinsamer Besuch in einem Kaffeehaus rundete das Bild ab, es wurden sogar Freundschaften geschlossen. Vier Patienten treffen sich seither ständig und begehen den Weg der gegenseitigen Selbsthilfe. Natürlich sind vier Senioren nicht viel, aber es ist ein guter Beginn, ein guter Ansatz, der es wert ist, ihn weiter zu forcieren – es funktioniert.

Biologischer oder kalendarischer Abbau

Wir besprechen nun kurz einige Symptome und ihre psychischen Pflege-maßnahmen anhand der SANDOZ CLINICAL ASSESSMENT GERIATRICA SCALA. Es sind Symptome, die in geringer, mittlerer und starker Ausprä-gung vorkommen können und unter schlechten Umständen schon die Aktivitäten einer Betreuungsperson erforderlich machen.

Insuffizienzen und dementive Prozesse

Ein unvermeidliches Schicksal des Menschen ist es, daß er alt wird. Mit diesem ständigen, schon in jüngeren Jahren beginnenden Prozeß ist der Mensch einer andauernden Konfrontation mit einer neuen Situation be-traut. Der Alterungsprozeß ist für den Menschen immer neu. Er muß sich daran gewöhnen, daß wieder etwas nicht funktioniert. Er hört plötzlich schlechter, sieht schlechter, ist vergeßlich etc. Um die Hirnfunktionen so lange wie möglich aufrechtzuerhalten, ist ein andauerndes Lebenstraining und eine gewisse Belastung erforderlich (Kurse für Rentner etc.). Viele Wissenschaftler sind damit beschäftigt, Aktivitäten zu finden, die den normalen Alterungsprozeß durch Animation hinauszögern können.

Das Vorfeld der Altenarbeit ist also Prävention, ist Aufrechterhaltung des Copings, der Eigenständigkeit, der Selbstverantwortung (Volkshoch-schule, Kurse etc.). Trotz aller Bemühungen bleiben in der Folge Verän-derungen in psychischer Hinsicht nicht aus. Es muß versucht werden, diese so schnell wie möglich durch den Umgang und die vermehrte Zu-wendung zu kompensieren.

Beispiele

Herabgesetztes geistiges Bewußtsein

Dies äußert sich in einer Verringerung der Aufmerksamkeit, einem Ver-lust an Konzentration, einer Verminderung der Reaktionsbereitschaft und eine Beeinträchtigung der Urteils- und Entscheidungsfähigkeit.

Pflege: langsam steigerndes Training, Erhöhung der eigenen Toleranz.

Gestörte Orientierung in bezug auf Raum und Zeit, Verkennung von Personen und Mitmenschen.

Pflege: Desorientierte Personen gehören stimuliert. Der jeweiligen Zielperson müssen vom Primarius bis zur Putzfrau alle dieselbe richtige Auskunft erteilen auf Fragen wie: Wo bin ich? Wie spät ist es? Wie ist mein Name?

Orientierungshilfen einführen: Große einfache Hinweise: Wo ist die Toilette? (Eventuell Bodenmarkierungen), große sichtbare Kalender, Uhren etc.

Das Zusammenlegen von mehreren Orientierungsgestörten ist zu vermeiden, da sich die Patienten dann gegenseitig desorientieren.

Das Nachtlicht im Spital reicht für den Patienten meist nicht aus, um die Pflegeperson zu erkennen. Bei Manipulationen an einem älteren Patienten soll daher das große Licht aufgedreht werden. Gehen Sie von vorne an den Patienten heran, nicht von hinten. Ein Auftauchen aus dem Dunkeln kann angst machen, und Angst ist für den Menschen ein fürchterliches Symptom.

Depressive Verstimmung

Niedergeschlagenheit, Verzagtheit, Hilflosigkeit, Hoffnungslosigkeit, Grübeln über das eigene Versagen oder Vernachlässigung von Familienangehörigen oder Freunden, hypochondrisches Grübeln mit eventuell funktionellen, organischen Beschwerden.

Pflege: Diese Menschen brauchen besonders viel menschliche Nähe und Zuwendung. Wichtig ist das Wecken von Emotionen aus der Biographie heraus. Was taten Sie früher? Was machte Freude? Patient, wenn er will, aussprechen lassen. Er soll reden, wann er will (Logotherapie). Animation zu sinnvollen aber erreichbaren Zielen, Erfolgserlebnisse, Anregung verschaffen, zur Kosmetikerin, zum Friseur, in ein Restaurant, Café zu gehen.

Die Besserung einer depressiven Verstimmung ist meist an der Kleidung und persönlichen Pflege des Patienten erkennbar. Je bunter sich der Mensch kleidet, um so besser fühlt er sich.

Stimmungslabilität

Labile und unangemessene emotionale Reaktionen, zum Beispiel das Lachen oder Weinen oder andere übertriebene positive oder negative Reaktionen in Situationen, in die sie nicht passen.

Pflege: Hier müssen wir zur Kenntnis nehmen, daß die uns vorgespielte Bindungsfähigkeit an den Betreuer nicht echt sein muß. Auch hier haben wir aber das »So-Sein« des Patienten zu akzeptieren, so wie überall, wo keine Korrektur möglich ist.

Ist der Patient in einer Trotzphase (Ich will nicht! Ich kann nicht! Ich brauche nicht!), kann auch ein gezieltes Streitgespräch mit anschließender Versöhnung gute Dienste leisten. Streitgespräche sollten allerdings nicht von jüngeren Pflegepersonen durchgeführt werden, da ja die ältere Generation auf ihrem Recht »Die Jungen haben das Alter zu schätzen« beharrt und jüngere Pflegepersonen meist nur eine Enkelkinder-Ersatzfunktion einnehmen.

Ängstlichkeit

Kummer, Besorgnis, übermäßiges Besorgtsein um Zukunft und Gegenwart, Klagen über funktionelle somatische Symptome, zum Beispiel Druck im Kopf, Mundtrockenheit und so weiter.

Pflege: Ängstlichkeit kann durch einen guten Betreuer, das heißt einen, der das volle Vertrauen des Patienten besitzt, weitgehendst reduziert werden. Der Betreuer gibt mit seiner Anwesenheit Sicherheit. Wann immer der Patient ängstlich wird oder Unlustgefühle verspürt, ruft er seinen Vertrauten herbei. Man sollte, wenn man momentan keine Zeit hat, den Patienten informieren, daß es derzeit nicht geht, und zwar, um dem Patienten Enttäuschungen zu ersparen.

Stärkung des Selbstbewußtsein durch erreichbare Ziele und Zugeben der eigenen Angst. Beim Gespräch Anteilnahme zeigen. Die Patienten sind sehr empfindsam und erkennen natürlich sofort, ob und in welcher Art (Tonfall, Stimmlage) mit ihnen gesprochen wird. Ein Gespräch ohne Anteilnahme ist nutz- und sinnlos. Angst und Ängstlichkeit hat einen besonderen, zu beachtenden Kern. So wie in der allgemeinen Krankenpflege Fieber als Aufwecksymptom für Betreuergleichgültigkeit ist, so weckt Angst und Ängstlichkeit die Aufmerksamkeit des psychiatrischen Pflegers. *Mit Angst kann man nicht leben!*

Sollte nun durch emotionelle Zuwendung, durch vermehrten Aufbau des Selbstbewußtseins die Angst nicht korrigierbar sein, ist ärztliche Intervention erforderlich.

Fehlende Motivation – Initiative

Fehlender spontaner Antrieb, etwas zu beginnen oder zu Ende zu führen, seien es die täglichen Pflichten wie die Medikamenteneinnahme oder persönliche Angelegenheiten.

Pflege: Ich glaube, daß gerade hier die Animations- und Aktivschlepperrolle des Ergo- und Beschäftigungstherapeuten neu überdacht werden muß. An dieser Stelle sollen zum Verständnis für Pflegepersonen einige Worte über Motivation gesagt werden. Motivation heißt, eine Antriebskraft wecken, einen Beweggrund finden. Viele unserer geriatrischen Patienten haben sich vom Leben abgewendet und sind schwer motivierbar. Sie übernehmen die Krankenrolle, und wir pflegen sie zu Tode – negative Situation.

Gerade das Gegenteil, das Aktivieren, das Erlangen von verlorengegangenen Fähigkeiten soll unser Ziel sein. Am Anfang muß daher immer die Kenntnis der Patientenbiographie stehen. Die Aktivitäten der Pflegepersonen (Überversorgung) können die Aktivitäten der Patienten hemmen. Er begibt sich ohne Notwendigkeit in eine Krankenrolle, weil er sich mehr Zuwendung wünscht (so wie die Pflegefälle) und kommt dann aus dem Bett nicht mehr heraus.

Wir helfen mit »auf dem Rücken verschränkten Händen«. Diesen Lehrsatz haben als erste die Holländer geprägt, und er besagt, daß alte Menschen alles, was sie nur können, allein machen sollen. Nur wo es wirklich nicht mehr geht, bekommen sie Hilfestellung.

Wir wissen aus der Praxis, daß zum Beispiel das Füttern eines Patienten recht schnell vor sich gehen kann. Besser ist es aber, den Pflegebedürftigen oder neurologisch Geschädigten (Ataxie, Status post Apoplexie etc.) allein essen zu lassen, auch dann, wenn das Bett anschließend nochmals überzogen werden muß.

Dies ist ein kleines Beispiel dessen, was man unter aktiv bleiben versteht. Es ist viel schwieriger, alte behinderte Menschen allein arbeiten zu lassen, zusehen zu müssen, wie mühsam sie sich bücken, als selbst Hand anzulegen. Wir wollen aber nicht uns selbst loben, sondern dem Patienten Selbstbewußtsein geben, das Gefühl, noch etwas allein zu können. – Geduldige Anteilnahme ist das entscheidende. – Dem Personal, den Verwandten, den Nachbarn im Haus muß nur klar sein (natürlich auch dem Patienten selbst), daß die Hände auf dem Rücken des Personals nicht als Gleichgültigkeit oder Bequemlichkeit zu verstehen sind.

Grundforderungen bei der Animation:
Ziele müssen erreichbar sein,
nicht überfordern (leicht beginnendes kleines Programm),
nicht unterfordern (Hospitalismus, Resignation ist die Folge),
den Patienten angemessene Tätigkeiten zuordnen,
keine Aktivität ohne Ziel (sie sollen in der Wohnung bleiben können),
Beachtung der Problemkumulation,
beachten – auch Alte können lernen, aber langsamer,
emotionale Zuwendung durch das Personal.

Die Normalisierungsperspektive bedeutet auch, daß alle positiven Verhaltensweisen unserer Patienten das Interesse des Personals auf sich ziehen.

Also, wenn die Patienten sich allein oder gemeinsam beschäftigen (selbst aktiv sind), wird sich ihnen das Personal zuwenden und Anerkennung spenden – sogenannter guter Patient –, dagegen wird es untätig bleiben, solange ein Patient apathisch vor sich hindöst. Wenn sich das Personal nur dem unselbständigen Kranken (Pflegefall) zuwendet, besteht die Gefahr, daß auch gute Patienten, damit sie Zuwendung bekommen, in die Pflegefallrolle klettern.

Reizbarkeit, Mißmut, Feindseligkeit

Die Patienten sind verdrießlich, kratzbürstig, leicht enttäuscht. Geringe Belastbarkeit bei Schwierigkeiten, verbale Aggressivität, Groll, Verachtung, Streitsucht, Angriffslust.

Pflege: – Ruhe und Geduld bei Gereizten! – Wir müssen ihr »So-Sein« akzeptieren. Wir müssen akzeptieren, daß sie vielleicht immer schon so waren (Pessimisten, Nörgler, Eigensinnige) und daß diese Patientengruppe womöglich am ehesten ins Heim abgeschoben wird, da die Familie unter ihrer Herrschsucht gelitten hat. Ja, warum sollen sie jetzt unter unserer Betreuung nette, fromme Lämmchen sein?

Wenn der Aktivitätsradius kleiner wird, werden die Aggressionen größer. Sie sollen durch gezielte Aktivitäten abgebaut werden.

Stiegensteigen, spazierengehen, grobmotorische Tätigkeiten lassen bei aufgestauten Aggressionen Dampf ab. Wenn Pflegebedürftige nur noch liegen können, so ist ihre einzige Möglichkeit, sich motorisch abzureagieren, einfach zu keppeln. Also, wenn die Patienten mit uns schimpfen, kann man dies doch als therapeutischen Erfolg werten, sie nehmen wieder am Leben teil.

Bei Hausbesuchen oder im Krankenhaus sind die Patienten meist situativ angepaßter als bei den eigenen Verwandten. Man kann also oft als Fremder die Selbstkontrolle noch etwas fördern. Viele Verwandte der Patienten schätzen die Lage falsch ein, trauen sich nicht zu widersprechen, haben Schuldgefühle und freuen sich, wenn eine Betreuungsperson etwas barscher (nach der Transaktionsanalyse im Erwachsenen-Ich) mit ihnen spricht.

Sehr oft stellt man sich bei bösartigen Patienten während der Verrichtung von hygienischen oder grundpflegerischen Tätigkeiten die Frage: »Können sie nicht, oder wollen sie nicht?« Es bleibt dabei, wenn sie es könnten, dann würden sie uns dies zeigen!

Auch Streit und Zank ist Leben; es wird der Lebenstrieb geweckt, und die Menschen haben Lust am Leben. Ein Tagesraum mit 20 Patienten, die alle glücklich schauen, ist eigentlich ein Tagesraum mit Puppen. Hier hat durch die Hospitalisierung das Leben aufgehört. Das sollte uns alle eigentlich aufregen. Es ist aber die zänkische Menschengruppe, die uns alle aufregt – sie sollten doch zu uns lieb sein, wo wir sie pflegen. Eine höhere Toleranzgrenze wird gefordert – Mensch ärgere dich nicht.

Im extramuralen Bereich wird man beim Umgang mit solchen Patienten zum Familientherapeuten und muß sowohl den Patienten wie den Verwandten recht geben, die Verwandten leiden meist mehr unter der Situation als die Patienten. Vorsicht aber vor einer Konkurrenzrolle zwischen Verwandten, Betreuer und Profi – ein Schuldgefühl ist bald erzeugt. Eine Allparteilichkeit ist erforderlich.

Information des Patienten nicht vergessen – klare Linie schaffen: wozu bin ich da, was erwarte ich von meinem Patienten –, ansonsten drängt Sie der Patient in eine Haushälterinnenrolle, ohne aktiv werden zu müssen.

Sinnvolle Aktivitäten – grobmotorische Abreaktionen. Klare Vereinbarungen zwischen Patient und Betreuer – wie weit auf Wünsche eingegangen wird, warum Ansprüche nicht erfüllt werden. Einhaltung dieser Vereinbarungen!

Aufdringlichkeit

Häufige unnötige Bitten um Rat und Hilfe (Klebrigkeit sehr häufig bei Patienten, die zusätzlich Epilepsie haben). Einmischung in die Angelegenheiten anderer, Unruhe. Diese Angewohnheit kann auch verstärkt bei Patienten mit Morbus Parkinson oder senilem Parkinsonismus vorkommen.

Pflege: Klebrige Patienten verlangen unsere Aufmerksamkeit und nach ein paar Stunden unsere ganze Energie, um nicht böse zu werden. Es ist daher erforderlich, einen Mittelweg zu finden, der beiden Teilen das Leben ermöglicht.

Auch hier ist eine ernste Aussprache – was paßt mir am Patienten nicht und warum nicht – zur Klarlegung der Richtlinien erforderlich.

Die Pflegeperson darf nicht zur Befriedigung ihrer eigenen Bedürfnisse ganz auf den Patienten eingehen (Ich bin die Beste, nur mich liebt der Patient), da sie sonst eines Tages voll überfordert sein wird oder auch für pflegebedürftigere Fälle keine Zeit mehr aufwenden kann. Der Patient hat das Recht, unabhängig zu leben – Ich-Stärkung. Übertragen Sie dem Patienten Tätigkeiten (Coping), um sein Selbstbewußtsein zu stärken. – Lob und Tadel ist nicht zu vergessen. – Gruppentherapeutische Gespräche mit Psychologen helfen viel. Förderung von sozialen Kontakten mit Mitpatienten. Setzen Sie seine Gesprächigkeit und Extrovertiertheit dazu ein, daß er die Leitung einer Gruppe übernimmt (einen Englischkurs, einen Kochkurs etc. für andere Patienten abhält). Abbau des Gefühls der Unzulänglichkeit durch einen Pflegeplan mit Teilzielen.

Gleichgültigkeit gegenüber der Umgebung,
Ungeselligkeit, unkooperatives Verhalten

Die Patienten zeigen mangelndes Interesse an den Tagesereignissen, am Zeitvertreib und an der Umgebung, für die sich der Proband vorher interessierte, zum Beispiel Nachbarin, Fernsehen, Wetter, Lärm. Es entstehen dürftige Beziehungen zu anderen, unfreundliche, abweisende Reaktionen auf Zusammenkünfte, Zurückgezogenheit. Geringe Bereitschaft zur Befolgung von Anweisungen oder Bitten um Zusammenarbeit, unwillig werden Leistungen vollbracht, Verdruß mit und mangelnde Rücksichtnahme auf andere.

Pflege: Es ist möglich, daß wir den Probanden schon zu einer Resozialisierungsleiche gemacht haben. Der Mensch ist regrediert, psychisch hos-

pitalisiert und fühlt sich als Kind. Er hat sich zum Teil vom Leben zurückgezogen. Der Kindergarten für alte Leute ist zu verhindern! Weckung der
Lebenstriebe, Besuch bei Verwandten, Belassung von persönlichen Wertsachen und Gegenständen, Interessen wecken (»Sie sind älter, bitte erzählen Sie mir etwas aus dem Ersten Weltkrieg, ich lerne gerade davon, Sie
können mir durch Ihre Erfahrung helfen...«).
    Erstellung eines Tagesfahrplanes:
        Einkauf der Zeitung.
    Erstellung eines Wochenfahrplanes:
        Wir werden bis nächsten Mittwoch _____
    Erstellung eines Monatszieles:
        Wir können im nächsten Monat vielleicht nach _____
    fahren. Wo wollen Sie hingehen?

Abbau der (erlangten, erlernten) Hilflosigkeit, indem dem Patienten wieder eigene Aufgaben übertragen werden, die dieser zu unserer Freude
durchführt.
    Verhaltenstherapeutische Ansätze, das heißt genug Lob bei gelungenen
positiven Reaktionen, aber auch Tadel (Er – Ich) bei Sichgehenlassen oder
negativen Ambitionen.
    Normalisierung des Lebens auf der Station oder zu Hause. Lebenszu-
friedenheit steigern, das heißt die Situation im Heim muß seiner früheren
Lebenssituation (mittlere Lebensjahre) so ähnlich wie möglich gemacht
werden.
    Recht auf Freiheit (Ausgänge), nicht alle Aktivitäten im Heim. Recht
auf Verletzung des eigenen Körpers (der Patient kann auch stürzen!).
Recht auf eigene Zielverwirklichung (lassen Sie auch für uns komisch wir-
kende Aktivitäten zu). Entscheidung beim Patienten lassen (zum Beispiel
Hausparlament oder Wohnung).
    Gutgemeinte Fürsorglichkeit schadet dem Ziel einer Normalisierung.
Der Patient will zum Beispiel bei Regen spazierengehen. Sie sagen: »Nehmen Sie einen Schirm, es regnet!« Jetzt hat der Patient keine Entschei-
dungsfreiheit mehr. Sie haben einen Befehl gegeben. Hier wäre in etwa der
Satz »Manche Leute gehen heut nicht ohne Schirm spazieren« zur Selbst-
entscheidung besser und fördert die Eigenständigkeit.
    Teilnahme an der Welt: Es ist darauf zu achten, daß die Brillen, die
Hörgeräte, die Krücken und anderes der Patienten in Ordnung sind. An
solchen Kleinigkeiten scheitert oft die Freude an der Aktivität.

Infolge des Verlustes des Sachwertgefühles können unsere Probanden dazu neigen, für uns Wertloses zu horten. Diese Menschen sind durch schlechte Zeiten so geprägt worden, daß sie etwas aufbewahren müssen, denn morgen kann es schlechter werden. Hier kann man mit logischen Argumenten meist nichts ausrichten.

Pflege: Auch hier soll der Patient entscheiden, was weggeschmissen wird. Es ist sein Leben, es sind »seine Wertsachen«. Dies gilt auch für Kleinigkeiten, zum Beispiel Post (ach, das sind nur Prospekte, die schmeiß ich gleich weg). Dies ist ein starker Einbruch in die persönliche Lebenssphäre und daher zu unterlassen. Zum Glück hat man eingesehen, daß die Wohnungen nicht mehr absolut steril und superrein sein müssen, so daß man nur das Gröbste entfernt, um einer eventuellen Ungeziefer-vermehrung oder Geruchsbelästigung entgegenzuwirken.

Verbale sexuelle Entgleisungen sind ebenfalls eine Enthemmung (läppisch euphorische Sklerose). Die Patienten belästigen verbal die Schwestern oder die Heimhilfe mit dummen Bemerkungen. Diese Entgleisung kann bis zum Exhibitionismus führen.

Pflege: Bei diesen Patienten ist die sogenannte Über-Ich-Bremse nicht mehr intakt. Sie können sich verbal nicht mehr zurückhalten (wissen nicht mehr, daß man dies nicht tut) und benehmen sich daher so. Durch ihre rasche Vergeßlichkeit aber sind sie mit einem normalen, flotten Spruch oder einer Transferierung des Themas ins allgemeine gut halt- und führ-bar. Diese Entgleisung sollte als Erkrankung von der weiblichen Betreue-rin verstanden werden.

Verschärfung der Charakterzüge

Die Eigenarten einer Person verhärten sich noch mit zunehmendem Alter. Aus Sparsamkeit wird Geiz, aus natürlicher Vorsicht Mißtrauen.

Pflege: Wir müssen sein »So-Sein« akzeptieren. Es handelt sich auch hierbei um eine krankhafte Veränderung, die beim Gespräch und beim Umgang zu berücksichtigen ist.

Beeinträchtigung des Kurzzeitgedächtnisses
Es ist eine reduzierte Erinnerungsfähigkeit

An kürzliche und für den Patienten wichtige Erreignisse und Tätigkeiten zum Beispiel erinnert er sich nicht mehr, an Besuche bei Verwandten, die Art der letzten Mahlzeit (was war es?).

Ist der Ausfall gering, leiden die Patienten unter ihrer Vergeßlichkeit, da sie noch wissen, daß sie vergeßlich sind. Einige können ihre Ausfälle durch Konfabulieren (Märchen erzählen) überbrücken. Dies kommt vorwiegend bei der sogenannten Salondemenz vor. Diese Menschen können für uns glaubwürdige Geschichten erzählen, und es dauert oft sehr lange, bis wir es erkennen.

Wichtig für das Pflegepersonal: Vorsicht, bei Nahrungsmittel- und Medikamentenaufnahme. Die Patienten erzählen glaubwürdig, sie hätten ja gegessen und Medikamente eingenommen. Medikamentenunterdosierung bzw. Nahrungs- und Flüssigkeitsverlust können die Folge sein, und dies hat wiederum eine Verschlechterung der psychischen Leistung zur Folge.

Nach der neuesten Ansicht ist der Mensch so alt wie seine Adaptionszeit.

Für die Pflege heißt das: langsam sprechen, andauernd wiederholen, kurze verständliche Übungsprogramme erstellen (alle Beteiligten sollen mit dem Patienten üben), Trainingsspiele anbieten.

Die in den vorangegangenen Abschnitten aufgezählten Symptome sind natürlich weder vollständig noch einer wissenschaftlichen Reihenfolge unterworfen. Dies ist vielmehr eine Aufzählung, die sich aus der Häufigkeit der in der Praxis auffallenden (störenden) Eigenarten der Patienten ergibt.

Durch das Auftreten einzelner oder mehrerer dementiver Prozesse kommt es zur Verunsicherung der Angehörigen und der Laien, zu den verschiedensten Einstellungsprozessen zum Geschehen und zu den verschiedensten Beobachtungen. Das heißt, daß wir zuerst Praxiserfahrung brauchen, um über die Symptome beziehungsweise ihre Heftigkeit eine fundierte Aussage treffen zu können.

Ich kann nur dem Arzt weitermelden, was ich beobachtet habe (gelernt habe). Durch ungefähr gleiche Lernziele in den verschiedensten Berufsgruppen kommt es dann erst zu einer ungefähr gleichen Beurteilungsskala. Es darf niemals vergessen werden, daß ohne aktive Pflege, ohne menschliche Wärme, die Symptomatik immer progredient verläuft und sich die Erkrankung bis zur Einweisung in ein Pflegeheim oder eine psychiatrische Institution steigern kann. Es ist daher erforderlich, biologische und leicht dementive Prozesse schon präventiv (Heimhilfe, Besuchsdienst, Kontaktdienst, Psychosoziale Dienste) abzufangen.

Die Multimorbidität des geriatrischen Patienten

Bedingt durch die Tatsache, daß unsere älteren Probanden alle an mehreren Erkrankungen leiden, kommt es in der Folge zu einer Krankheitskumulation und zu einer Überforderung des Menschen im Sinne einer Problemkumulation. Es mischen sich psychische Auffälligkeiten mit somatischen Störungen. Jeden Tag hat unser Patient am Morgen andere Beschwerden, andere Störungen. Einige kann man als Alterssymptome interpretieren (dies tun auch die Patienten selbst), andere wiederum stellen schon eine behandlungsbedürftige Krankheit dar. Aus diesem Grund ist für die Betreuung eines geriatrischen Patienten eine fundamentierte Krankenpflegeausbildung (Beobachtung der Symptomatik, Erkennen von Krankheitszeichen und ihre Interpretation) erforderlich. Aber auch die Mitarbeiter, der in der Geriatrie Beschäftigten, sollen verschiedene Symptome richtig deuten können, um gegebenenfalls ärztliche Hilfe organisieren zu können.

Primum nil nocere – vor allem nicht schaden – heißt die Grunddevise aller ärztlichen Helfer.

Die Patienten selbst schätzen nach wissenschaftlichen Untersuchungen von ZIMMERMANN (1977) im allgemeinen den Krankheitswert viel geringer ein als ihre Betreuer. Sie negieren ihre Erkrankung (siehe Diabetes) und leiden still vor sich hin. Sie fürchten natürlich auch die Konsequenzen, die aus der Übernahme der Krankenrolle entstehen (Krankenhaus, Pflegeheim) und dissimulieren ihre Symptome weg. Das Zugeben einer Erkrankung kommt einem Vorgeschmack des chronischen Leidens – des Todes – gleich. Man wurschtelt sich also lieber durch. Kein Wunder also, daß die ärztliche Behandlung solange als möglich hinausgeschoben wird. Daher gehen diese Patienten nie zum Arzt und sind deshalb von uns zu überwachen.

Wir wollen nur kurz und als Gedankensplitter einige Erkrankungen und Symptome erwähnen und zwar solche, die wir Betreuer bessern können, und jene, die unbedingt einer fachmännischen Behandlung bedürfen.

Krankenpflegerische Versorgung

Patienten hören schlechter: Man muß daran denken, daß sich Hörfehler langsam entwickeln können, daß bei unseren Patienten dadurch paranoide Tendenzen aufkommen können. (Er meint, die anderen reden über ihn.) Bedenken Sie, daß beim Hörapparat manchmal Störungen vorkommen oder einfach die Batterie zu Ende geht. Meist liegt es an banalen Störungen, die dem Patienten das Leben sauer machen. Menschen, die schlecht hören, sollen von Mund zu Mund angesprochen werden, damit sie von den Lippen ablesen können, was man von ihnen will.

Es gibt in der Geriatrie auch neurologische Erkrankungen, wo der Patient nicht sprechen kann, aber alles versteht, oder sprechen kann, aber nicht kontrollieren kann, was er spricht. Diese Patienten erscheinen am Anfang so, als wären sie debil.

Cave: Reden Sie mit Ihren Patienten immer so, als könnten sie alles verstehen, und unterlassen Sie dumme Antworten oder Bemerkungen.

Patienten sehen schlechter: Auch im Spital wird manchmal vergessen, daß eine Brille des Rätsels Lösung für die Besserung und Interessensweckung eines Patienten sein kann. Vorhandene Brillen passen nach Jahren nicht mehr richtig (Korrektur). Ältere Leute sparen mit Strom (der war immer teuer), versuchen Sie wenigstens zu erreichen, daß ihr Arbeitsplatz ausgeleuchtet ist.

Motorik läßt nach oder wird unkoordiniert (Zittern, Ataxie, Parkinson): Bei fast allen Gang- und Bewegungsstörungen helfen Übungen (wenn sie nicht spezielle Programme von einem Neurologen oder einer Beschäftigungstherapeutin haben). Lassen Sie den Patienten Rundkurse gehen, so daß er immer wieder zu seinem Bett zurückkommt. Lange Erholungspausen gönnen, nicht Aktivierung um jeden Preis, sinnloser Aktivismus ist zu verhindern. Bei Startschwierigkeiten (Parkinson) haben sich Anordnungen wie beim Militär (links, rechts, links...) als Starthilfe bewährt. Wenn Sie neben dem Patienten hergehen, hat er keine Angst vor einem Sturz.

Auch Menschen, die ihre Speisen beim Essen verschütten (durch Tremor, durch choreatrische Symptomatik) sollen so lange wie möglich allein essen, wärmen Sie lieber nochmals auf. Lassen Sie den Patienten ruhig Essen verschütten. Besser er bleibt mobil, als daß er durch uns bevormundet wird.

Angst vor Gehstörungen können auch verschiedene ergotherapeutische Hilfsmittel nehmen (Dreistützenstock etc.). Hier wäre eine Beratung von einer Ergotherapeutin angezeigt.

Verdauungsstörungen: Kontrollieren Sie das Gebiß. Falsche, schlecht sitzende Prothesen führen natürlich zu einer geringeren Zerkleinerung und im Endresultat zu Stoffwechselstörungen.

Am Abend sollte unseren geriatrischen Patienten kein zu üppiges Mahl gegeben werden. Durch Blähungen oder zu große Mahlzeiten kann es nachts zur Herzquerlagerung und in der Folge zu Schlafstörungen kommen.

Wasser- und Elektrolysehaushalt: Unsere Patienten trinken im allgemeinen zu wenig. In etwa sollen zwei Liter Flüssigkeit pro Tag eingenommen werden. Geschieht dies nicht, kann es akut zu einer geistigen Verschlechterung kommen (Austrocknungserscheinugnen können durch das Betrachten der Zunge kontrolliert werden). Ist die Zungenschleimhaut feucht, hat unser Patient genug getrunken, ist sie trocken, dann hat er die Flüssigkeitszufuhr vergessen. (Grobe Faustregel für die Praxis.) Diese zwei Liter sollen in etwa bis Mittag konsumiert werden, denn spätere Flüssigkeitszufuhr stört meist die Nachtruhe.

Wenn es uns Betreuern gelingt, auch nur einen dieser Punkte zu bessern, so ist die Problemkumulation gebessert, und unser Patient fühlt sich wohler.

Zeichen und Symptome, die eine ärztliche Intervention benötigen

Blutdruckkrisen: Der Blutdruck muß bei alten Menschen des öfteren kontrolliert werden. Bei schwankendem Blutdruck ist nämlich eine verschlechterte Blutversorgung des Gehirnes sehr häufig die Ursache für eine nächtliche Verwirrtheit. Auch nicht wieder gutzumachende Abbauerscheinungen (Cerebromalacien) sind möglich.

Herz und Kreislauf: Der geriatrische Patient ist prädestiniert, Herz-Kreislauf-Versagen zu bekommen. Dies ist trotz Herztherapie möglich. Bei Auftreten von: Atembeschwerden, geschwollenen Beinen, Cyanose, Pulsänderungen, Asthmaanfällen (cor pulmonale) und nicht kontrollierbarer Medikamenteneinnahme ist ein Fachmann zu Rate zu ziehen.

Cave: Unsere Patienten schlucken meist zur Stabilisierung ihres Kreislaufes Digitalispräparate. Diese sind nicht ungefährlich, wenn verschiedene Präparate in verschiedener Dosierung genommen werden. (Für Wiener spezifisch – »Ach, ich hab Herzschmerzen! Ich nehme ein Herzpulver!«)

Faustregel: Wenn der Puls des Patienten unter 60 Schlägen pro Minute ist, hat der Patient meist zuviel (Intoxikation), wenn er über 80 ist, hat er meist zuwenig Medizin genommen. Wegen der Kumulationsgefahr (Vergiftung) muß der Patient unbedingt einen Arzt konsultieren.

Durch die Vergiftung kann eine paranoide Symptomatik ausgelöst werden. Man muß also daran denken, daß es sich um eine tatsächliche Vergiftung im Sinne einer Medikamentenüberdosierung handeln kann!

Schädeltrauma: Ältere Menschen stürzen recht häufig. Bei Sturz auf den Kopf sind (subdurale, epidurale) Blutungen im Schädel nicht ausgeschlossen. Die Eigenart dieser Verletzung kann sein, daß eine Bewußtseinsveränderung (ein Koma etc.) erst Tage nach einem Sturz auftritt. Es erinnert sich dann kein Mensch mehr an das Sturzdatum. Führen Sie einen Sturzkalender. Es genügt, einfach auf einem Kalender die Stürze zu verzeichnen.

Eiterungen: Wundliegen – Decubitus
Denken Sie daran, daß eine lokale Eiterung nicht immer lokal bleibt, sondern daß der Patient in der Folge an einer Sepsis sterben kann. Eine Kontrolle von Eiterungen, die wir selbst behandeln, ist von Zeit zu Zeit durch den Arzt indiziert!

Harnwege: Auch wenn Ihr Patient sein Bett näßt und Sie annehmen, er kann urinieren, ist von Zeit zu Zeit der Restharn zu bestimmen. Manche Patienten leiden nämlich an einer Prostatahypertrophie oder einer Überlaufblase, das heißt kurz gesagt, daß zwar der Patient naß ist, aber nur kleine Reste (Überlauf) aus einer immer vollen Blase entleert werden.

Welche Erkrankungen, die unbedingt von einem Arzt behandelt werden müssen, fallen Ihnen noch ein?

_____

_____

_____

Teilen Sie Ihre verantwortungsvolle Tätigkeit mit einem Profi, den Sie jederzeit über den Sozialen Stützpunkt, über die mobile Krankenschwester, über den Praktiker etc. erreichen können. Geteilte Verantwortung ist halbe Verantwortung. Auch Ärzte halten oft Konzilien ab. Warum wollen Sie die Verantwortung alleine tragen?

Alarmkarte (Almanach) – eine non verbale Kommunikation –
Hilfsmittel für die Krankenpflege in der Wohnsituation

Bedingt durch die Überlegung: »Es ist nicht möglich, alles zu wissen, aber es ist unbedingt wichtig zu wissen, wo man schnell nachschlagen kann«, hatte ich folgende Assoziationen. Man benötigt, um eine sichere Krankenpflege bei Patienten mit Polypathien durchführen zu können, ein System, bei dem auch Symptome und Erkrankungen, die nicht für die jeweilige Pflegeperson sachspezifisch sind, erfaßt werden, also eine gewisse Gedächtnisstütze. Dabei habe ich ein Kartensystem entwickelt, das mehrere Punkte unserer Forderungen erfüllt und zugleich nur eine geringe Mehrbelastung für den Praxisanleiter darstellt. Wir führen daher bei der Übergangspflege seit längerer Zeit eine sogenannte Alarmkarte, die sich durch folgendes charakterisiert: Es werden auf Karten die wichtigsten Symptome aufgeschrieben, die man bei einer bestimmten Erkrankung oder deren Komplikation erwarten könnte.

Der Sinn liegt darin, daß Krankenpflegepersonen schon vor dem Einsetzen eines Symptoms daran erinnert werden, daß dieses Symptom gerade bei diesen Patienten zu erwarten ist. Somit stehen wir vor keiner Überraschung und wissen dezidiert, bei welcher Symptomatik unbedingt der Arzt zu verständigen ist. Wir werden uns somit wieder des alten Ausspruches »Primum nil nocere« bewußt, denn auch ein Übersehen oder Nichtwissen schadet und gefährdet die Gesundheit und Sicherheit unserer Patienten.

Diese spezifische Karte wird nun in die Wohnung des Patienten geheftet, das Personal hat somit die Möglichkeit, diese Symptomkarte zu lesen, sie mit dem Zustand des Patienten zu vergleichen und beim Auftreten von Symptomen Alarm zu schlagen. Dieses System hat sich nicht nur in der extramuralen Versorgung, sondern auch auf der Station bewährt. Manchmal findet der Blick auf die Karte auch heimlich statt, denn wer gibt schon gerne zu, daß er zum Beispiel das Bild eines subduralen Hämatoms vergessen hat.

In der allgemeinen Krankenpflege, wo die Möglichkeit besteht, daß der Patient die Karte liest und dadurch verunsichert wird, müßte man ein anderes System versuchen. Man könnte diese Karten sammeln und ungefähr so wie ein Merkblatt-Almanach auf der Abteilung (Stationsschwesternzimmer etc.) liegen lassen. Allerdings müßte man prüfen, ob sich das Personal auch die Mühe macht, den Almanach zu benutzen. Es ist auf jeden Fall ratsam, nur Karten von Patienten in den Almanach zu legen, die tatsächlich auf der Abteilung sind, da zu viele Karten die Übersicht erschweren.

Darf ich ihnen nun zwei praktische Beispiele geben:

Für die allgemeinmedizinische oder psychiatrische Aufnahmestation oder für die Wohnsituation:
    Patient gestürzt, Sturz im Rausch
    derzeit ohne Symptomatik
    Compressio cerebri möglich

Alarmsignale:
    Erbrechen
    ungleiche Pupillen
    Druckpuls
    Krampfanfälle
    zunehmende Bewußtseinstrübung

Bitte die medizinische Unvollständigkeit beachten!
Die Karten sind nicht als Lehrbuch zu betrachten!

Für die allgemeine Krankenpflege:
    Patient scheinbar chronischer Alkoholiker
    Delirium tremens möglich

Alarmsignale:
    Schwitzen, Unruhe,

Halluzinationen,
Zupfen an der Bettdecke,
Betätigungsdrang.

Bei Transfer nicht vergessen:
1. Parere
2. Transferierungsblatt mit Therapieangaben.

Hängt nun diese Tafel am Bett des Patienten oder im Almanach, ist für die diplomierte Kraft eine Auffrischung ihres Schulwissens und damit ein kleiner Schritt zur internen Fortbildung getan, denn wenn man gar nichts unternimmt, ist eines Tages das Wissen gleich Null. Für den Krankenpflegeschüler erscheint es mir als non verbale Kommunikation gedacht, die man später außerhalb des Krankenzimmers auf verbale Art erweitern kann.

Abschließend möchte ich noch erwähnen, daß diese Art des Kartensystems vorwiegend für Patienten gedacht ist, die mit Krankheiten auf die Station kommen, die nicht spezifisch für die Abteilung sind und wo daher von unserem Personal ein gewisser Erfahrungsmangel zu erwarten ist. Als Beispiel sei erwähnt, daß jede Station der allgemeinen Krankenpflege einen Patienten bekommen könnte, der auf der Abteilung durch seine Arteriosklerosis cerebri cerebral dekompensiert, oder daß Patienten mit einer Extension von der Unfallstation auf die Psychiatrie transferiert werden können. Beide Beispiele zeigen, daß gewisse Sachgebietsmängel korrigiert werden müssen, um Schäden des Patienten zu vermeiden.

Ich möchte dazu noch erwähnen, daß man dieses Kartensystem oder Merkblatt-Almanach auch mit den wichtigsten Neuerungen der Hygiene, Medikamentenlehre etc. bereichern könnte. Jeder einzelne unseres Personals (zum Beispiel nach Besuch von Kursen) könnte diesen Merkblatt-Almanach erweitern und somit das Wichtigste des Kurses für die Allgemeinheit zugänglich machen.

Anhang zur Multimorbidität – Neurologische Krankenpflege – Kurzfassung

Da in der extramuralen Versorgung eine multiprofessionelle Tätigkeit im Vordergrund steht, sind die psychiatrischen Betreuungspersonen auch als Helfer der Ergotherapie – Logotherapie tätig. Für uns ist daher eine kurze Erinnerung der neurologischen Pflegemaßnahmen interessant.

Wenn man sich verschiedene Lehrbücher aus dem medizinischen Fachbereich der Neurologie durchliest, stellt man fest, daß sie voll sind von anatomischen, physiologischen und pathologischen Erkenntnissen. Sucht man allerdings nur ein kurzes Übersichtsschema über die wichtigsten pflegerischen Maßnahmen, so wird man dies meist vermissen. Es soll nun versucht werden, in einer kurzen Abhandlung die wichtigsten Punkte der neurologischen Krankenpflege und Beobachtungen zusammenzufassen. Um die Kürze des Artikels zu wahren, wird davon abgesehen, medizinische Literaturstellen oder anatomisch-physiologische Literaturstellen zu zitieren. Daraus ergibt sich allerdings, daß die Ausführungen eine subjektive Note bekommen.

An einer der ersten Stellen für das geschulte Personal steht die Beobachtung des Patienten und die sofortige Meldung an den Arzt, falls eine Progressio im Zustandsbild des Patienten eintreten sollte.

Auch wenn wir alle fachspezifischen Termini streichen, muß man die Beobachtung der meningialen Reizerscheinungen und die der Hirndrucksymptomatik erwähnen, da dies die wichtigsten Hauptsyndrome bei der Beobachtung des neurologisch erkrankten Menschen sind.

Meningiale Symptomatik ist beispielsweise bei fast allen Erkrankungen der Hirnhäute zu finden. Durch die Reizung der Hirnhäute entsteht folgende Symptomatik:
heftiger Kopfschmerz
Nackensteifigkeit
Opistothonus
Bewußtseinsstörungen
Kernigsches Zeichen

Hirndruckerscheinungen Diese Zeichen findet man bei allen raumbeengenden Prozessen wie Blutungen, Tumoren etc. Sie äußern sich in:
Kopfschmerz oder Schwindel,
Übelkeit und Erbrechen,
Sehstörungen,
Atemstörungen,
Stauungspupillen,
Druckpuls,
Krämpfen,
Bewußtseinsveränderungen bis zum Koma.

Die neurologische Krankenpflege (im Wohnungsmilieu und auf der Station) beginnt mit der neurologischen Visite. Zur Grundvisite sind notwendig:

- Reflexhammer,
- Lichtquelle (Pupillenreaktionsprüfung),
- Nadeln mit zentraler Spitze (Sensibilitätsprüfung),
- Watte (Prüfung der Berührungsempfindung),
- Mundspatel,
- Eprovetten (gefüllt mit warmem und kaltem Wasser),
- Stimmgabel,
- Augenspiegel,
- Maßband (Muskelumfang),
- Geruchsproben,
- Geschmackslösungen.

Pflege bei Schädigung einzelner Nerven (Monoeuritis)

Allgemein:
1. Bei Erkrankungen einzelner Nerven sind neurologische Ausfälle infolge schlaffer Lähmung möglich.
   Folge: Atrophie, Kontrakturen.
   Verhinderung: aktive und passive Bewegungsübungen. Lagerung beachten!
2. Ausfälle durch Störungen der Trophik.
   Folge: Druckgeschwüre.
   Verhinderung: Lagerung besonders beachten.
3. Sensible Ausfälle.
   Folge: Patient hat Temperaturempfindungsstörungen (Hyp- bis Anästhesie). Verbrennungen durch zu warme Speisen und sonstige Wärmeapplikationen möglich.

Einzelne Krankheitsbilder

Trigeminusneuralgie
Patienten neigen, durch Schmerzen bedingt, zu Medikamenten- und Suchtgiftmißbrauch – auf Medikamentensammler ist zu achten. Durch Schluckstörungen kann es auch zu Nahrungsverweigerung und in der Folge zu Mangelernährung und Kachexie kommen. Jede Nahrungsaufnahme könnte beim Patienten einen Schmerzanfall auslösen.

Ischialgie
Besonders auf Lagerung achten. Unterstützt durch Lagerungshilfen wird versucht, Spitzfußbildung zu verhindern (Sandsäcke, Fußkisterl). Wegen des Preßschmerzes ist beim Patienten auf Stuhlgang zu achten. Reifenbahren können den Druckschmerz der Decke mindern.

Fazialislähmung
Eine mögliche Atrophie ist durch Bewegungsübungen zu verhindern (Aufforderung zum Pfeifen etc.). Bei Mitbeteiligung des ersten Astes ist die Austrocknung der Hornhaut möglich, daher »feuchte Kammer«. Patient soll nicht bei offenem Fenster liegen – Zugluft verhindern.

Polyneuritis
Bei jeder Polyneuritis besteht die Gefahr der Landryschen Paralyse und in der Folge drohen Atemlähmungen, daher sind Atemkontrollen und Kontrollen der vitalen Zeichen erforderlich. Mindestens zweimal täglich leichte Bewegungsübungen, um einer Kontrakturbildung entgegenzuwirken. Dekubitusprophylaxe an allen Stellen, wo Aufliegen möglich erscheint (trophische Störungen). Kost in Breiform und kontrollierter Temperatur zu verabreichen erscheint günstig (Störung der Wärmeempfindlichkeit).

Gürtelrose
Die beim Herpes zoster auftretenden Bläschen und ihre Behandlung sind in jeder Abteilung verschieden.

Kontrolle: Augen- und Ohrkontrollen durchführen, da eine Verschleppung als Costeroticus und Costeropotalimucus mit Abzeßbildung möglich ist.

Drucklähmung des Nervus radialis
Es ist prophylaktisch daran zu denken, daß durch eine falsche Lagerung, zum Beispiel bei komatösen Patienten, oder durch Fixierungen verwirrter Patienten im Bett etc. eine Drucklähmung auftreten kann. Dies zu verhindern, ist unsere vordringliche Aufgabe.

Die Erkrankungen des Rückenmarks und ihre pflegerische Betreuung

Poliomyelitis
Bequeme und lockere Lagerung der Extremitäten. Watte zwischen den Kniekehlen. Gegenpolster, um Spitzfuß zu verhindern. Reifenbahre bei trophischen Störungen, um Ulcera zu verhindern. Als Kontrakturprophylaxe leichte Bewegungsübungen beim Umbetten. Atem- und Kreislaufkontrolle, da Progressio möglich. Katheter bei Blasenstörungen. Achten auf Stuhlgang. Keine Überbelastung des Patienten, da jede Belastung psychischer und physischer Natur einen neuen Schub mit sich bringen kann.

Tabes Dorsalis
Dekubitusprophylaxe steht durch die trophischen Störungen im Vordergrund. Bei Wärmeapplikationen, bedingt durch Sensibilitätsstörungen, Verbrennungen möglich. Verhinderung von Schmutzinfektionen. Teilweise vegetative Störungen mit Harnverhaltung. Bekannt sind die tabischen Krisen, wobei zu beachten ist, daß diese nicht zu bagatellisieren sind, da eine andere somatische Erkrankung ebenso möglich wäre.

Funikuläre Myelose
Patienten haben Ataxien und damit verbundene Gehstörungen, Unfälle durch Sturz etc. sind zu verhindern. Schleimhautveränderungen im Mund beachten.

Multiple Sklerose
Schonung der psychischen und körperlichen Kräfte. Jede Überanstrengung bringt einen neuen Schub mit sich. Vorsichtige Gehübungen als Kontrakturprophylaxe. Blasen- und Mastdarmlähmungen möglich, daher Stuhl- und Harnkontrolle indiziert. Als Spätkomplikation wird der Patient bettlägerig, daher Dekubitusprophylaxe beachten.

Syringomyelie
Bedingt durch eine herabgesetzte Schmerz- und Temperaturempfindlichkeit kommt es zu kleinen Verletzungen, die die Patienten selbst nicht spüren und sie deshalb nicht behandeln lassen. Panritien stärkeren Grades, Eiterungen in fortgeschrittenem Zustand und so weiter sind demnach zu finden (eventuell Hautschutzsalben). Durch trophische Störungen Dekubitalulcere. Leichte Massage bei gegebenen Lähmungen indiziert.

Spinale und nervale Muskelatrophie
Hier steht die psychologische Betreuung des Patients im Vordergrund, da die Patienten meist bei vollem Bewußtsein ihre Lähmungen und ihren Endzustand miterleben. So lange wie möglich sollten Patienten in der Arbeits- oder Beschäftigungstherapie verbleiben.

Querschnittlähmungen
Wo möglich, unter Gleicherkrankungen legen (psychischer Effekt). Prädestiniert für Dekubitus, daher Entzündungszeichen beachten und gegebenenfalls Fersenfreilagerung, Drehbett und so weiter. Bei Normalkost auf Stuhlentleerung achten. Hohe Infektionsrisiken bei der Katheterisierung.

Erkrankungen des zentralen Nervensystems

Bulbar- oder Pseudobulbarparalysen
Kommt es durch eine andere Grundkrankheit zu einer Lähmung der Sprech- und Schluckwerkzeuge, ist beim Ausspeisen besonders auf die Gefahr des Bolustodes zu achten. Die Patienten können meist keine Flüssigkeit zu sich nehmen, wobei das Schlucken von festen Nahrungsmitteln noch funktionieren kann.

Aphasie
Bei der Symptomgruppe der Aphasie ist eine besonders intensive Art der Pflege vonnöten. Es darf darum nicht vergessen werden, daß der Patient verschiedene Anordnungen nicht versteht und dadurch anders reagiert als zu erwarten wäre.

Raumfordernde intrakranielle Prozesse
Bei allen Erkrankungen des Gehirns, bei denen mit einer Hirndrucksymptomatik zu rechnen ist, ist besonders die Beobachtung der eventuell auftretenden Symptome der Compressio cerebri angezeigt.

Apoplexie und Cerebromalacie
Auch hier wollen wir auf die Erläuterung des anatomisch-pathologischen Vorganges verzichten. Für den Krankenpfleger ist wichtig, daß es zu Pyramidenbahnläsionen kommt und dadurch Lähmungen in verschiedener Form möglich sind. Deshalb steht eine eventuell rasche Kontrakturprophylaxe mit Bewegungsübungen für eine rasche Mobilisierung im Vor-

dergrund. Nicht zu vergessen ist die Dekubitusprophylaxe, kein Fußkisterl und kein Trapez, da der Patient sonst die kranke Seite vergißt und nur die gesunde mobilisiert.

Bei zu hohem Blutdruck (Arzt fragen) ist Bettruhe ratsam, da es bei zu früher aktiver Mobilisierung zum Nachschlag, also zu einer weiteren Blutung kommen kann.

Erinnert sei, daß manchmal Patienten früh morgens erwähnen, daß sie Parästhesien im Arm oder Bein haben. Sollten wir dies erfahren, ist ein Vorschlag anzunehmen (kleine leichte Blutung im Gehirn), und der Patient ist ebenfalls bis zur Visite im Bett zu halten.

Entzündungen des Gehirns und seiner Häute

Da diese Erkrankungen meist auf spezifischen Stationen behandelt werden, möchte ich nur erwähnen, daß bei Verdacht einer Entzündung auf das Auftreten von meningialen Symptomen zu achten ist, um die Erkrankung so rasch wie möglich abklären zu können. Auch auf Kinderstationen kann man beim Umbetten fieberhafter Kinder den Brödzinsky-Versuch durchführen.

Gedeckte traumatische Hirnhautblutungen

Bei jedem Patienten, der außenanamnestisch einen Sturz oder Unfall angeben kann, sollte man die Möglichkeit einer Hirnhautblutung in Betracht ziehen, auch dann, wenn das Trauma schon einige Zeit zurückliegt.

Es gilt bei diesen Patienten ungefähr derselbe Leitsatz wie beim Schock, nämlich: »Um so ruhiger und unauffälliger der Patient symptomatisch ist, um so auffälliger soll er für die Pflegeperson erscheinen.« Bei allen gedeckten Schädeltraumata ist demnach auf eine meningiale Symptomatik zu achten. Das Auftreten der Symptome kann erscheinen bei: subduralen Blutungen bis Wochen nach dem Trauma; subarachnoidalen Blutungen akut: strengste Bettruhe, Flachlagerung über die Dauer von vier Wochen, epiduralen Blutungen ein bis zwei Tage Lucides-Intervall.

Abschließend möchte ich nochmals darauf hinweisen, daß es sich bei diesem Artikel nur um eine Zusammenfassung der wichtigsten grundpflegerischen Beobachtungen und Tätigkeiten handeln soll und daß natürlich die Aufgaben einer neurologischen Station vielfältiger sind. Häufiger als bei anderen Fachgebieten ist die Beobachtung des Patienten vom geschulten Personal über längere Zeit notwendig. Kennen aber alle anderen Stationen diese kurzen Erläuterungen und handeln danach, so kann man mit gutem Gewissen von einer zwar nicht optimalen, aber doch von einer sicheren Krankenpflege sprechen.

Herzdekompensation und Digitalistherapie

Bei geronto-psychiatrischen Patienten ist die richtige Einstellung mit Herzglykosiden und die Kontrolle unerläßlich. Bei einer kardialen Dekompensation kann es einerseits zum Rechtsherz-, andererseits aber auch zum Linksherzversagen kommen.

Beobachtung:

Rechtsherzversagen:	Linksherzversagen:
Cor pulmonale	Cor aortale
Venenstauungen am Körper	Venenstauungen in der Lunge
Halsvenen	Lungenödem
Aszites, Stauungsnieren	Dyspnoe, Stauungsbronchitis
Ödeme an den Beinen	Cheyne Stokes' Atmen

Global: Puls eher tachycard, unrhythmisch, leerschlagend, Riva-Rocci-Abfall. Indiziert: 3-D-Therapie: Diät, Digitalis, Diuretika.

Die wichtigsten Glykoside:

1. Digitalisgruppe	Dauerbehandlung
Digitoxin	langsamer Wirkungseintritt (drei Tage)
Digimerck	langsamer Abbau bei Überdosierung
Acetyl-Digoxin	oder Kumulation!
2. Digoxin-Lanicor	Dauerbehandlung
Lanatilin	schnellerer Wirkungseintritt
Novodigal	schnellerer Abbau
Lanitop	leichter steuerbar
Gedilanid	
Digilanid	
3. Strophantus-Glykoside	
Strophantin G	schnelle Wirkung, daher bei akuter
Strophantin K	Dekompensation zu verwenden (nur als Injektion).
4. Szilla-Glykoside	
Caradrin	
Talusin	auch bei Bradycardie

Generelle Nebenwirkungen:
Herzglykoside haben eine geringe therapeutische Breite.
Hypokaliämie: Muskelschwäche, Parästhesien, Krämpfe, Reflexe O
Hyperkaliämie: ungefähr gleiche Symptomatik
Myokarditis
Hyperthyreosen
Niereninsuffizienz
Gastrointestinale Störungen
Neurotoxische Störungen mit Verwirrtheit und Halluzinationen

Faustregel: Die normale Einnahme der Herzglykoside muß einen Puls von 60 bis 80 pro Minute ergeben. Bei Nichteinnahme eher Tachycardie, bei Überdosierung (Intoxikation) Bradycardie.

Die regelmäßige Pulskontrolle ist eine wichtige Aufgabe unserer Mitarbeiter. Alle deutlichen Veränderungen (starke Verlangsamung, Beschleunigung oder sonstige Irregularitäten) können ein Hinweis auf eine Überdosierung, aber auch eine Unterdosierung sein. Hierfür ist unbedingt der Arzt zu Rate zu ziehen. Auch ist daran zu denken, daß Herzstörungen (global gesehen) zu sogenannter vaskulär-cerebraler Insuffizienz führen können und demnach mit dem Auftreten von akuten Verwirrtheitszuständen zu rechnen ist.

Pathologische und organische Veränderungen

Die heute verwendete Nomenklatur entspricht nach der Aussage führender Wissenschaftler nicht mehr den gegebenen Tatsachen. Ein im Klinikjargon verwendeter Terminus ist demnach nicht mehr von internationaler Verständlichkeit. Die Fremdwörter zur Bezeichnung von Abbauerscheinungen des höheren Lebensalters reichen von chronischer Hirninsuffizienz, Arteriosklerose, seniler Demenz, organisch mentaler Störung und so weiter bis zur sogenannten Altersverblödung.

Unterteilung der Hirnaltersveränderung in der Pflege

In der Krankenpflege würde ich folgende Unterteilung vorschlagen:
Irreversible Formen: sogenannte primäre Demenzen, Multiinfarkt-Demenz, Alzheimer
Reversible Formen: sogenannte sekundäre Demenzen, organisches Psychosyndrom, somatische, psychosoziale Dekompensation

Pflegeunterschiede
ÜBERGANGSPFLEGE: Hier steht das Training im Vordergrund sowie die Verhinderung einer Verschlechterung.
STARTHILFE: Hier steht das Aufstöbern des Auslösungsgrundes und die Reversibilitätsthese als pflegerische Ideologie im Vordergrund.

Für beide Erkrankungsbilder kann reaktivierende (nicht aktivierende) Pflege und symptomspezifisches Verhalten sowie der differentialdiagnostische Ausgang als non plus ultra gelten.

Unterteilung der Altersveränderungen nach ihrer Pathogenese-Ursache

Arteriosklerose: Es kommt zu einer Verkalkung der zum Gehirn führenden Arterien, sie werden unelastisch und können sich Blutdruckschwankungen nicht mehr richtig anpassen. Sauerstoffmangelversorgung führt zur Verschlechterung der Leistungen.

Hirndystrophie: Dies sind meist atrophische Prozesse, wobei die Gehirn-zellen ihren chemischen Aufgaben nicht mehr voll und ganz nachkommen können.

Multiinfarktdemenz: Dabei kann es zu kleinsten Verstopfungen der End-arterien des Gehirns kommen. Wieder ist das Nichtfunktionieren, die Einschränkung der Funktion das Ergebnis.

Diese eher schleichenden Formen können durch einen Auslösungsmodus zu einem akuten Versagen der Hirnleistungen führen. Als Auslösungs-moment (vor dem niemand gefeit ist) kommen in Frage:
• Psychosoziale Probleme
• Cerebrale Prozesse
• Extracerebrale Prozesse.

Wir können bei der therapeutischen Pflege des senilen Menschen eine
• psychisch-therapeutische Behandlungsbedürftigkeit (gegen Sym-ptome)
• psychisch-therapeutische Überwachungsbedürftigkeit (somatische Komplikationen!)
• somatische Pflegebedürftigkeit
unterscheiden.

Das für dieses Skript verwendete Unterteilungsschema stimmt nicht mit dem von der World Health Organization vorgeschlagenen überein. Es wird vielmehr nach der Häufigkeit der Aufnahmen im Psychiatrischen Krankenhaus vorgenommen.

Unterschiede zwischen den auch heute noch am meisten verwendeten Fachausdrücken (seniler oder arteriosklerotischer Demenz): Unter De-menz versteht man einen früheren oder späteren Intelligenzverlust (nicht Schwachsinn, dieser ist angeboren).

Athrophischer Prozeß	*psychoorganischer Prozeß*
Senile Demenz	Arteriosklerotische Demenz
diffuser Befall des Hirns	lokal umschriebene Herdausfälle
Symptome gleichmäßig zunehmend	Symptome ausgeprägter Teilstörungen
alle Qualitäten betroffen, schwer zu	– können Beruf lange Zeit kompen-
kompensieren.	sieren

| *Athrophischer Prozeß* | *psychoorganischer Prozeß* |

Zur Pflegesituation (verstehende Handlungen):

Diese Patienten merken ihren Abbau nicht, sie leiden nicht. Sie haben keine Krankheitseinsicht – mach alles selbst!	Diese Patienten merken ihren Abbau (Vergeßlichkeit etc.) und leiden darunter! Sie haben Krankheitseinsicht.
Affektabschwächung, sie freuen sich, ärgern sich, nur in der Physiognomie gefühlsärmer.	Affektinkontinenz: überschießende Reaktionen – weinen gleich überschießend, glücklich voll Freude, daß sie da sind.
Hier führt Anteilnahme nur zu einer Hinauszögerung des Endstadiums.	Hier führt Anteilnahme zu einer Besserung der Patienten. Kann lange alleine durch Selbstkontrolle – Selbsthilfe leben und seine Ausfälle kompensieren.

Beide Erkrankungsformen können durch einen Auslösungsmodus akut dekompensieren. Die Cardialsymptome treten daher spontan und akut auf:

Verwirrtheit – Desorientiertheit

Paranoia im senium

depressive Reaktion

Zunahme der Symptome wie im biologischen Abbauprozeß beschrieben.

Akutes Hirnversagen (akute cerebrale Dekompensation).

Der alte Mensch ist grundsätzlich imstande, seine zunehmenden Leistungsschwächen zu kaschieren (kompensieren). Er lernt, mit seiner Vergeßlichkeit, mit seinem Intelligenzverlust zu leben, er akzeptiert, daß er aus der aktiven Rolle ausgestiegen ist. Diese Überlebenschance hat er, cerebral gesehen, durch seine im Langzeitgedächtnis gespeicherten Möglichkeiten. Er funktioniert mit seiner Familie, in seiner Wohnung, in seiner Umgebung. All dies ist ihm alt vertraut und bedarf keiner Anstrengung, keiner intellektuellen Leistung. Nur plötzliche Veränderungen, die er nur mit seinem Neugedächtnis lösen könnte, werfen ihn aus der gewohnten Bahn. Plötzlich versagt seine Hirnleistung akut.

Die hier angeführten Auslösungsmomente können daher durch Präventivmaßnahmen verhindert werden, zum Beispiel wenn man nach wissenschaftlichen Erkenntnissen weiß, daß der Tod eines Lebenspartners eine Dekompensation auslösen kann, dann sollte man vorzeitig diesem

Menschen (eventuell einschleichend) eine Unterstützung durch Kontaktdienste etc. zukommen lassen. Hier wird in der Prävention der geriatrischen Psychiatrie noch viel zu leisten sein.

Psychosoziale Dekompensation

Hier liegt der Auslösungsmoment in psychischen Traumata, ängstlichen
Erlebnissen, plötzlichen Ereignissen, Aufregungen, Reisen im Flugzeug,
Seilbahnen, Tod der Bezugsperson, Tod des Bezugstieres, Ortswechsel,
zum Beispiel Spital. Hier sollten die Pflegepersonen der allgemeinen
Krankenpflege besser informiert werden. Plötzlich ist ein Mensch in einer
anderen Umgebung. Das Nachtkästchen ist plötzlich links statt rechts,
der Lichtschalter ganz woanders, die Gesichter sind völlig fremd. Die
Orientierung geht verloren. Der Mensch fühlt sich verloren. Er regrediert, ruft nachts seine schon längst verstorbene Mutter, hat Angst und
fürchtet das Alleinsein.

Cerebrale Dekompensation

Vaskuläre Schäden, die akut auftreten: Hirntraumen, Neoplasma und
ihre Symptomatik (Morbus Alzheimer, Morbus Pick). Daher eine der ersten Grundsätze: diagnostische Aufklärung durch die Ärzte.

Extracerebrale Dekompensation

Hier kann die Betreuungsperson durch Beobachtung ihres Patienten wieder viel zur Prophylaxe ihres Probanden beitragen:

Blutdruckkrisen	daher häufige Riva-Rocci-Kontrolle
Herzversagen	jede Beeinträchtigung des Herzens, auch falsch eingenommene Medikation, zum Beispiel Digitalis, vermeiden
Wasser- und Elektrolyse-haushalt	Ältere, vorwiegend mit stark dehydrierenden Erkrankungen (Fieber, Schwitzen, Erbrechen), sollen zwei bis drei Liter Flüssigkeit täglich zu sich nehmen, ansonsten Austrocknungser-scheinungen. Eine gut genagelte Schenkelhals-fraktur ohne akute Verwirrtheit ist besser.
Exotoxikose	Viele unserer Patienten nehmen wahllos Medi-kamente ein, für Beinschmerzen, Gelenk-schmerzen etc. Kumulationen möglich.

Diabetes und seine Diät	Natürlich wird eine Altersdiabetes sehr häufig bagatellisiert, aber die akute Verschlechterung der Hirnversorgung mit O_2 ist die Folge.
Atemstörungen divergent	O_2 in die Lunge, ins Blut, ins Gehirn. Verhindern Sie abends blähende Speisen – Adipositas. Coupierung von Bronchididen.

Welche Erkrankungen fallen Ihnen noch ein:

_____

_____

_____

Umgang mit Patienten – allgemein

Ich werde nun versuchen, die wichtigsten Probleme (Symptome) und die sich daraus ergebenden symptom-spezifischen Pflegeformen zu umreißen.

Das erste Kontaktgespräch

Wie im vorherigen Kapitel bemerkt wurde, haben sich unsere Probanden in der Art ihrer Handlungen, ihrer Verarbeitungen von Gefühlen und Gedanken sehr verändert. Ein Sprechen im Erwachsenen-Ich ist fast unmöglich geworden. Die Kontaktaufnahme, die Anfreundung an neue Gesichter, an neue Menschen ist meist erschwert. Sie leben in ihrer eigenen Welt, vielleicht schon etwas zurückgezogen, und sind für das Schnelle, Neue nicht zu haben.

Nur wenn das erste Kontaktgespräch gut verläuft, wenn die Gewinnung des Vertrauens erreicht werden kann, ist ein fruchtbarer Boden für eine weitere Betreuung geschaffen. Prinzipiell kann man sagen, daß der Umgang mit sogenannten Seelengestörten dem mit normalen Menschen gleichzusetzen ist. Wir müssen allerdings das Anders-Sein dieser Menschen akzeptieren. Der Umgang mit seelisch-gestörten Menschen (paranoide Ideen, Verwirrtheit etc.) führt bei näherer Betrachtung immer zum Gefühl des Mitleids, des Ärgers, der Angst, der Hilflosigkeit. Daher ist es notwendig, mehr Verständnis (durch Lernen), Beherrschung (nicht im Kindheits-Ich reagieren) und das Sich-selbst-Kennenlernen zu üben. Es ist zur optimalen Pflege erforderlich, seine eigenen Neurosen zu kennen. Ich glaube, daß die richtige Mischung aus Wissen und Ethik (Herz) die wesentlichste Voraussetzung für die Befriedigung beider Teile darstellt.

Benimm dich so normal wie möglich
Das Andersartige, das Komische löst in uns Angst aus, auch Unsicherheit, aus der wir wieder falsch, abweisend oder mit Angst reagieren. Die richtige Einstellung wäre, sich bei allen Patienten so normal wie möglich zu benehmen und unsere eigenen Ängste zurückzunehmen, denn der sogenannte Geisteskranke ist nicht böse, er reagiert aus seiner Erkrankung heraus so. Verhalten Sie sich wie eine normale Mutter, deren Kind plötzlich rapturartig erregt, halluzinierend oder paranoid ist. Was tut die Mut-

ter aus reiner Intuition? Wenn ihr Kind reden will, dann spricht sie mit ihm. Wenn ihr Kind still sein will, dann ist auch die Mutter still. Sie bleibt aber im Raum, sie bleibt in der Nähe, sie hält die Hand und gibt damit Sicherheit (nonverbale Kommunikation), Zufriedenheit und keinen Anlaß, daß ihr Kind noch aggressiver wird.

Beherrsche deine Stimme und Körpersprache
Patienten (auch Psychopathen) sind Menschen, die intuitiv spüren, ob du sie magst oder nicht. Es sind Menschen mit einer dünnen Haut. Zeig daher nicht in Gesten oder durch einen lauten Tonfall, daß du Angst hast oder daß du diesen Patienten nicht willst. Nur eine ruhige, sichere Stimme, ein langsames Sprechen gibt Vertrauen, gibt Sicherheit und läßt den anderen nicht zu unserem Gegner werden, und beachtet die verlängerte Adaptionszeit der Betagten.

Erhöhe deine Toleranzgrenze gegenüber Auffälligen
Was ist schon normal? Laß den Menschen ihre Eigenarten, ohne daß du dich darüber ärgerst!
Beispiel: Ein Patient wirft eine brennende Zigarette auf den Fußboden.
Verständliche Reaktion: Ich stelle ihn zur Rede, ich ärgere mich darüber, beschimpfe ihn...
Verstehende Reaktion: Er ist krank, so krank, daß er nicht einmal seinen eigenen Körper schützen kann. Warum soll er den Boden schützen?

(An-)Teilnahme lernen
Auch beim Kennenlernen, beim Kontaktgespräch versuchen Sie, ein guter Zuhörer zu sein. Da wir Betreuer viel jünger sind als unser Klient, bedenken Sie, daß er uns viel mitzuteilen hat. Versuchen Sie nicht, unter Erfolgszwang ein Gespräch ständig in Gang zu halten. Es genügt, wenn er Ihre Anwesenheit duldet. Es muß nicht um jeden Preis gesprochen werden (Empathie und Akzeptanz).

Information
Teilen Sie unbedingt als Orientierungshilfe dem Patienten langsam und deutlich mit, wer Sie sind, was Sie tun und welche Funktion Sie haben, was Sie nicht tun und warum. Der Proband muß wissen, daß Sie ihm zu seiner Verselbständigung helfen, daß Sie ihm nur so lange helfen, bis er wieder auf seinen Füßen stehen kann.

Beim Kontaktgespräch keine Korrekturen
Bei Fehlverhalten (Abwehr – Ich brauche sie nicht, ich kann alles alleine, sie werden ja bezahlt, daß sie kommen...) ist eine Korrektur seines Benehmens nicht möglich. Es führt zu Spannungen und zur Abwehr seitens des Patienten. (Er sieht, wenn überhaupt, seine Situation im Hier und Jetzt.) Wir können seine Situation nicht überblicken und erleben. Wenn man den Patienten näher kennt, kann man natürlich seine Meinung vertreten, man kann ihm auch mitteilen, daß man sich über ihn ärgert und warum (verhaltenstherapeutische Ansätze), allerdings sollte dann schon eine Vertrauensbasis bestehen.

Paranoide Symptomatik wird eruiert
Nach einiger Erfahrungszeit merken Sie schon beim ersten Gespräch, daß zum Beispiel der Patient eine Wahnidee oder Wahnvorstellungen hat. Beachten Sie, daß Sie mit nur ein paar falschen Worten (zweifeln, nicht ausreden lassen) jegliche Grundlage für eine weitere positive Zusammenarbeit verlieren.

Wir wollen keine Veränderung
Kein Mensch will sich verändern, schon gar nicht der versteifte Greis, er hat Angst davor. Er wird gegenüber Ihren Intentionen eher negativ reagieren. Er lehnt sie ab, das ist für ihn Sicherheit (»Ach, lassen wir's so! Ich brauche Sie nicht!«).

Übernimm nicht die negative Einstellung zum Alter
Sehr häufig zeigen wir durch Gesten und im Gespräch, daß wir selbst eine negative Einstellung zum Alter haben. Dies wird vom Patienten wahrgenommen, und er baut ab und identifiziert sich mit dem Aggressor.

Kleidung des Helfers
Jeder Mensch möchte zu einer Gruppe gehören, möchte sich identifizieren, das heißt unsere heutigen geriatrischen Patienten möchten einen Pfleger natürlich im Sonntagsanzug mit Krawatte sehen. Nur so gekleidet erweckt man den Anschein, daß man vertrauenswürdig ist (Altgedächtnis-Einstieg).

Alter des Helfers
Die Praxis hat gezeigt, daß Helfer im mittleren Alter die besten Chancen bei geriatrischen Patienten haben. Zu junge Leute werden zwar sehr lieb behandelt, aber nur als eine Art Ersatzenkelkind betrachtet. Der Beratungs- und therapeutische Wert (zum Beispiel bei paranoider Intention) ist aber gleich Null. Der Patient will sein Alter herausstreichen: Wir Alten gehören geachtet, das war ja früher auch so. Helfer in mittleren Lebenslagen hingegen, die genug Erfahrungen mit Schicksalsschlägen haben, können sich wesentlich mehr mit ihren Probanden identifizieren und werden bei Beratungsgesprächen eher akzeptiert.

Es ist nach der Prägung auch so, daß männliches Pflegepersonal weiblichen Probanden viel eher Sicherheit bieten kann (die Frauen früher haben noch gemacht, was die Männer sagten) und weibliches Personal eher bei männlichen Probanden ankommt. Beide Geschlechter sind zu ihren gegengeschlechtlichen Betreuern galanter und kooperativer.

Verwende ein ehrliches Lächeln
Wir wollen hier nicht besprechen, aus welchen tiefenpsychologischen und psychologischen Aspekten Menschen sich zu der Betreuung von Sklerotikern berufen fühlen und diesen Dienst auch mit allen ihnen zur Verfügung stehenden Mitteln positiv durchführen. Wir wollen hier nur erinnern, daß ein ehrliches Lächeln beim Gespräch, eine ehrliche Zuwendung zu dieser Patientengruppe fast alle Barrieren räumen kann.

Umgangssprache des Helfers
Da wir es mit alten Akademikern, mit alten Tischlern, mit alten Hofräten zu tun haben, ist das Einstiegsgespräch natürlich in der geistigen und sprachlichen Höhe des jeweiligen Probanden zu führen.

Achtung – Fremder Mensch
Es muß eine Gemeinsamkeit gefunden werden. Vielleicht haben der Proband und der Betreuer dieselbe politische Richtung, oder es sind beide praktizierende Katholiken, oder beide sammeln Briefmarken, dann haben sie ein gemeinsames Hobby und sind sich nicht mehr fremd. Sie gehören einer gleichen Gruppe an.

Achtung – Hospitalisierte

Manche Patienten sind schon so weit abgebaut und distanzlos, daß sie jedes Gespräch als positiv bewerten, so daß sie sofort mit Ihnen reden, sofort auf alles einsteigen, was Sie vorschlagen, denn der Patient begreift gar nicht, was Sie gesprochen haben. Er konfabuliert oder glaubt durch verwaschene Selbsteinschätzung, er kann wirklich alles, was er bei der Gesprächsrunde angibt. Auf alle Fälle kann das erste Gespräch zwischen zwei Menschen fruchtbar sein oder furchtbar werden. Beachten Sie immer, daß Sie von Ihrem Probanden akzeptiert werden wollen. Nur so können Sie ihm helfen, vom Weg der Resignation abzukommen, und nur so kann eine wertvolle Übertragung und Gegenübertragung aufgebaut und über einen längeren Betreuungszeitraum, der auch für den Patienten Belastungen bringt, erhalten werden.

Gerade bei Patienten, die eine Station und das Pflegepersonal schon länger kennen, ist der bösartige Haloeffekt zu beachten und zu verhindern. Manchen Patienten geht der Ruf voraus, sehr bösartig, sehr ungeduldig, sehr aufsässig zu sein. Wir treten dann beim ersten Kontaktgespräch natürlich diesen Patienten auch so, wie sie es erwarten, gegenüber. Die Grundursache kann aber bei einer einzelnen Schwester, die sich mit diesem Patienten nicht versteht, liegen. So wird in Mundpropaganda bei der Übergabe immer wieder dieser eine sogenannte bösartige Patient erwähnt. Am Ende glauben schon allesamt an die Bösartigkeit dieses Patienten. Der Haloeffekt, ob positiv oder negativ, steht also einem wirklichen Kontakt im Wege. Ich unterlasse es, Hintergrundfragen an Kollegen zu stellen – »wie ist denn dieser Patient nun wirklich«. Ich unterlasse es auch sei neuestem, eine Krankheitsgeschichte zu lesen – selbst ist der Mann. Nur die neue Situation kann uns zu einem gangbaren Weg führen. Ansonsten werden die Erwartungen beeinflußt (er ist böse, er war schon immer, auch in der Jugend, ein ekelhafter, störrischer Mann), aber im Endresultat auch dann von dem Patienten erfüllt.

Auch ein positiver Haloeffekt – das ist eine liebe, geduldige Patientin – kann auf der Station ausgelöst werden. Es handelt sich vielleicht um eine sogenannte scheinangepaßte, kritiklose Patientin, die, sobald Sie den ersten Ausgangsversuch unternehmen, sofort in ihrer Wohnung, in ihrer Umgebung den Superalphatyp hervorkehrt und Ihnen jegliche beeinflussende Maßnahme nimmt. Diese Patienten wissen und haben gelernt, wie sie sich im Leben zu verhalten haben, wie sie am besten durchkommen.

Also, auch hier beim positiven Haloeffekt ist besondere Vorsicht geboten. Der Haloeffekt des guten Hausarbeiters – hierbei handelt es sich um

Patienten, die schon jahrelang in einer Anstalt leben, die uns unsere pflegerische Arbeit abnehmen, die uns nie auf die Nerven gehen, die für uns
arbeiten –, kehrt sich gegen sie selbst, man will sie nicht rehabilitieren,
weil sie sonst fehlen. Vorsicht vor diesen guten Arbeitern, es sind jene
regredierten Patienten, die in einer Anstalt funktionieren, die *nur* in einer
Anstalt funktionieren. Rehabilitationsmaßnahmen laufen meist so ab:
Beschaffung einer Wohnung, kurzer Reintegrationsversuch – Überforderungssyndrom – Rückfall. Hausarbeiter sind meist Patienten, die eine besonders lange Umstellungszeit benötigen.

Umgang mit verwirrten Patienten

Plötzlich, wie aus heiterem Himmel, sind Leute, die wir kennen, desorientiert und situativ nicht angepaßt. Sie haben Auffassungsstörungen – verstehen also nicht, was um sie herum vorgeht. Sie können die Eindrücke nicht mehr verwerten und verarbeiten. Sie glauben, die Umgebung hat sich verändert. Ihr Denken ist verworren, ihr Gedächtnis funktioniert plötzlich nicht. Sie haben eine psychomotorische Unruhe, nesteln zum Beispiel an ihrer Bettdecke herum oder versuchen, die Abteilung oder die Wohnung zu verlassen (nicht als Flucht zu verstehen). Ihre Merkfähigkeit geht gänzlich verloren. Sie sind unruhig und agieren ängstlich, sie sind appetitlos und schlaflos bis zur Schlaf-Wach-Umkehr (macht den Tag zur Nacht und die Nacht zum Tag). Sie stören die Familie und die Nachbarn und klopfen ungeniert nachts bei fremden Leuten an.

Formen der Verwirrtheit (organisch):

Triviale Verwirrtheit: Das ist meist eine Verkennung der Umgebung. Patient glaubt, er befindet sich im Wirtshaus, an seinem Arbeitsplatz und benimmt sich auch so.

Phantastische Verwirrtheit: Kommt sehr selten vor und bezieht sich meist auf religiöse Erlebnisse.

Delirante Verwirrtheit: Meist Sklerose in Kombination mit Mißbrauch von Alkohol und/oder Medikamenten. Hier kommen zum Zustand noch Halluzinationen (Sinnestäuschungen auf sämtlichen Gebieten der Wahrnehmung) hinzu. Ferner treten Wahnideen (siehe Paranoia) und eine vegetative Symptomatik (Schwitzen, Zittern, Bradycardie) auf.
    Die Tiefenpsychologen deuten Verwirrtheitszustände als »ich verstehe die Welt nicht mehr«, »ich bin für sie nicht mehr erreichbar«, »ich trete ab« und so weiter.

Pflege bei Verwirrtheit

Ärztlich somatische Abklärung,
Bekämpfung der Angst,
Training verlorengegangener Funktionen,

Training der Wohnungstüchtigkeit,
Training der Verkehrstüchtigkeit,
Orientierung und Verhaltenstraining,
individuelle Übungsprogramme aus der Biographie heraus.

Daß gezieltes Training körperliche Geschicklichkeit zum Erfolg hat, wissen wir aus eigener Erfahrung und von Sportlern. Daß die Übung von geistigen Fähigkeiten eine Leistungssteigerung bringt, wissen wir von der Schule.

Im Jahre 1974 beschrieb BARNES, 1975 BROOK den wissenschaftlichen Sinn eines gezielten Trainings. Erst heute wird es vom Pflegepersonal der psychiatrischen Institutionen übernommen und von extramuralen Nachsorgeeinrichtungen betrieben.

Trainingsprogramme in der Klinik und extramural

1. Schaffen Sie eine normale Umgebung:
   Belassen Sie dem Patienten sein Eigentum (eigene Kopfpolster, eigene Kleider, seine Ringe etc.). Lassen Sie ihm kleine Bargeldbeträge. Auch Wohnungsschlüssel charakterisieren »Ich bin noch Hausherr«.

2. Verwirrt nicht die Verwirrten:
   Es sind auf einer geriatrischen Station die verwirrten Personen von den anderen Patienten zu trennen (auch induzierte Partner), da ja ansonsten jeder Verwirrte oder Desorientierte seinem Nachbarn eine andere Auskunft erteilt und so der schon verwirrte Patient nie eine Chance hat, seine Umgebung wirklich zu erkennen. Das Krankheitssyndrom wird nur schlechter. Eine Absonderung der Patienten, die auf dem Übungsprogramm stehen.

3. Übungsprogramme auf das Altgedächtnis abstimmen:
   Verwenden Sie Einstiegshilfen aus seinem individuellen Leben. Schauen Sie mit dem Patienten Fotoalben an, um ihn und seine Lieben aus früherer Zeit zu erkennen. Besuchen Sie die Wohnung des Patienten, seinen Wohnbezirk, nur dort ist er ratifiziert.

4. Verwenden Sie keine Kommunikationstöter:
   Wie Dispenser – wo beim Medikamentenausteilen weder gesprochen wird noch die Ausstrahlung der austeilenden Person vorhanden ist. Machen Sie – und das nicht sprachlos – die Betten und nicht die jugosla-

wische Bedienerin. Informieren Sie den Patienten über Untersuchungen. Führen Sie den Patienten zu Tisch. Beim Essen keine Akkordausspeisung. Wiederholen Sie immer wieder, welche Speisen es heute geben wird beziehungsweise welche es gab.

Welche Trainingsmöglichkeiten gibt es noch?

_____

_____

_____

Orientierungstraining

Der Patient soll seine verlorengegangene Orientierung im persönlichen, zeitlichen und örtlichen Terrain wiedererlangen.

Persönliches Programm
Hier geben alle Bediensteten eines Krankenhauses (von der Putzfrau bis zum Primarius) immer wieder dieselbe personenbezogene Information an den Patienten weiter. (Guten Tag, Herr X. Y., heute ist Montag…) Die Zielperson wird immer per Namen angesprochen. Es werden primär nur über persönliche Daten Auskünfte gegeben (24-Stunden-Training). Auch alte Unterlagen aus persönlichem Besitz (Fotoalben, das Gesellenzeugnis etc.) dienen als Informationsquelle.

Örtliches Programm
Wie schon erwähnt, müssen Verwirrte von Verwirrten getrennt werden. (Auch junge psychotische Patienten, die den Alten sekkieren könnten, sind nicht optimal.) Informationen durch große Beschriftungen, von allen dieselbe Auskunft. (Sie sind im Psychiatrischen Krankenhaus, aber das nicht für immer!)

Weitere Informationen:

_____

_____

_____

Zeitliches Programm:
Ebenfalls durch verbale Äußerungen, ferner große Kalender, besser Tages-
plakate (heute ist der...), Symbol-Landschaft zeichnen für stark Verwirrte (Frühjahr, Sommer, Herbst und Winter) und viele große Uhren
anbringen.

Realisationstraining

Handlungsabläufe des Alltags:
Trainieren Sie das Toilette-Gehen, das An- und Ausziehen, die Wahl der
richtigen Kleidung. (Daß er nicht im Winter mit der kurzen Hose geht,
»Manche Leute nehmen heute einen Schirm«). »Holen Sie sich heute Ihr
Essen einen Stock tiefer!« An künftige Ereignisse erinnern. (»Frau X. Y.,
es ist jetzt zehn Uhr, um elf Uhr ist Essenszeit.«) Lassen Sie die Patientin
ihr Essen in der Teeküche selbst aufwärmen. Sie soll es können, nicht wir.

Orientierungshilfen aufhängen:
Große Tafeln über Wetter, Zeittafeln, Orientierungshinweise für das eigene Bett, die eigene Prothese, die eigene Brille des Patienten. Lassen Sie
dem Patienten auch in der Klinik und in der Wohnung seine Eigenverantwortlichkeit. Er muß alleine leben lernen, nicht wir. Das Ziel soll eine
Verselbständigung des Patienten sein. Kurzausgänge rund um den Pavil-
lon, hernach Strecke erweitern. Rundkurse, so daß der Patient sehr rasch
wieder zu seinem Bett zurück kann. Langsam aufbauende Rundstrecken
sollen ihn auf das Wohnungstraining vorbereiteten.

Wohnungs- und Stadttraining

In seiner Wohnung hat er gelebt (Altgedächtnis) – in seiner Wohnung soll
er wieder leben, also kann sich das Hauptprogramm der Emanzipierung
nur im Wohnmilieu abspielen.

Umgebungssicherheit:
Wenn man mit einem Sklerosepatienten in einen bestimmten Teil seines
Bezirkes kommt, findet er oft plötzlich seine Orientierungsfähigkeit wieder, er fühlt sich in sein Leben wieder ein. Fehlende, vergessene Informationen werden weiter geübt.

Verkehrssicherheit:
Beim Stadttraining soll auch einigermaßen auf das Einhalten von Verkehrsvorschriften (Beachtung von Ampeln) geachtet werden.

Einkaufssicherheit:
Ich meine damit, daß der Patient die Schwellenangst vor dem täglichen Einkauf abbauen soll. Übungsprogramme zum täglichen Einkauf müssen erstellt werden. Selbst einkaufen ist ja für später eine Beschäftigung und hält die eventuelle Vereinsamung auf.

Tägliche Verrichtungen:
Nun wird einerseits überprüft, was der Patient noch kann beziehungsweise was trainiert werden muß. Das komplette Spektrum eines Alleinlebenden mit all seinen Notwendigkeiten muß durchprobiert werden.

Beispiele: Wohnungstür auf- und zusperren, Post aus dem Briefkasten holen, einheizen! Die Bedienung der Geräte in der Wohnung! Essen wärmen, Kleinigkeiten kochen, Bettenmachen, Medikamenteneinnahme! Toilette-Gehen, Durchführen eines Hilfenotrufs! Erstellung von sozialen Kontakten, Plauderei mit der Nachbarschaft.

Diese so schulisch klingenden Maßnahmen wurden bei Hunderten von Patienten von unserem Team mit Erfolg durchgeführt. Auch konnte ein total verwirrter Patient, bei dem eine Krankenschwester in der Wohnung zwei Nächte lang schlief, wieder voll hergestellt werden, das heißt, daß ein Einsatz von zwei Tagen und zwei Nächten im Wohnmilieu ein so starkes Sicherheitsgefühl beim Patienten entwickeln helfen kann, daß er ohne Medikation und ohne (verwirrendes) Spital wieder allein leben und integriert werden kann.

Auch die Aussagekraft der Nachtdienstberichte, wie der Patient ist, verwirrt, bettflüchtig etc., decken sich nicht mit den Gegebenheiten in seiner Wohnung. Hier ist ein differentialdiagnostischer Ausgang erforderlich.

Erfahrungen aus dem differentialdiagnostischen Ausgang

Der erste Ausgang – egal ob der Patient 20 Jahre in einer verwahrenden Psychiatrie verbracht hat oder erst 14 Tage auf der Station liegt – ist ein ernstzunehmender Vorgang. Es werden wieder alle Sinne des Patienten angesprochen. Der Patient bekommt beim Ausgang nach langem wieder seine Wohnungsschlüssel selbst in die Hand. Er wird dadurch Herr seiner Lage, er wird wieder Mensch!

Der Patient führt uns in seine Wohnung. Er muß und soll seinen Bezirk, seine Straße, sein Haus und seine Wohnung finden. Auch bei Patienten, die an einer starken Hirninsuffizienz leiden, kann man beim Betreten des Wohnhauses immer wieder erleben, daß ihr erster Weg zum Postkasten führt. – Die Anerkennung, von einem anderen einen Brief zu bekommen, muß also eine sehr prägende Wirkung haben. Er erkennt auch meistens sofort die Gerüche seines Hauses, die ja sehr spezifisch sind. Er erkennt die verschiedenen Stimmen der Hausparteien und wer gerade tratscht, streitet oder normal dahinlebt.

Nun sperrt der Patient allein seine Wohnungstür auf, auch wenn ihm der Schlüssel des öfteren zu Boden fällt. Der Betreuer bleibt in jedem Fall daneben stehen und bückt sich nicht, auch wenn es ihm schwerfällt, weil er dazu erzogen wurde, alten Menschen »behilflich« zu sein. Die »Hand in der Hosentasche« ist hier die bessere Hilfe.

Trainingsprogramme für einfache Handhabungen werden probiert und eventuell vollzogen. Meist decken sich die Abteilungsberichte nicht mehr mit dem gegebenen situativen Verhalten in der Wohnung. Zu einem Ausgang soll der Patient prinzipiell somatisch in der Lage sein und psychisch in die Lage gebracht werden.

Motivation anhand der Biographie

Die Mobilisierung der psychischen Verfassung ist auch durch Ausgänge zu Aktivitäten anderenorts möglich. Animation kann ebenfalls der Besuch einer Schwester, eines Bruders in dessen Wohnung, Besuch einer Veranstaltung bedeuten. Es muß der erste Ausgang nicht immer an die Wohnadresse erfolgen, besonders dann nicht, wenn sich der Patient schon in der Rückzugsphase befindet und eigentlich nicht mehr nach Hause will.

Fallbeispiele

Frau A., 82, befand sich wegen akuter Verwirrtheit und Desorientiertheit zu ihrem Schutz im Netzbett. Eine Befreiung aus dieser Situation war anhand der Nachtdienstberichte nicht möglich. Sie fand nicht mehr allein zur Toilette, belästigte andere Mitpatienten durch Verkennung und stolperte und stürzte. Zum Eigenschutz bleibt sie im totalen Verwirrtheitszustand im Netzbett. Eine medikamentöse Sedierung ist wegen eines Herzfehlers sowie einer schlechten pulmonalen Ausgangslage nicht möglich. Auch die Verabreichung von neuroleptischer Medikation scheiterte aus diesem Grunde.

Frau A. wurde aus dem Netzbett heraus in ihre Wohnung überführt. Die Betreuungsschwester richtete sich im Schlafsack ein und verbringt zwei volle Tage und Nächte bei der Klientin. Der Zustand der Klientin besserte sich zusehends.

Am zweiten Tag, morgens, verwechselt die Klientin die anwesende Übergangsschwester mit der Tochter. Sie begab sich in die Küche und bereitete spontan Kaffee, holte spontan und im Handlungsablauf richtig aus der neben der Wohnung liegenden Konditorei Mehlspeise und versorgte die Schwester. Ein Gespräch begann.

Klientin A. startete spontan, sie war wieder in ihrem Milieu zu Hause. Die Schwester fungierte als Starthilfe (allerdings in einem 48-Stunden-Dienst).

Diese 48 Stunden – *rund um die Uhr* – hatten aber dazu geführt, daß eine im Nachtdienstrapport beschriebene sogenannte »schlechte Patientin« innerhalb eines nur kurzen Zeitraums zu einem normalen Dasein zurückfand.

An diesem Beispiel kann man sehen, daß ein Psychiater oder Geriater den wirklichen Status auf der Abteilung nicht abklären kann, sondern daß es dazu eines differentialdiagnostischen Ausgangs bedarf.

Es ist aber nicht alles Gold, was glänzt! – Auch die umgekehrte Reaktion, das sogenannte *Überforderungssyndrom* (Ausdruck von uns geprägt) ist möglich und tritt des öfteren ein. Hier ist vielleicht die Geschichte der Patientin, Frau J., 81, interessant.

Frau J., 81, war 14 Monate in stationärer Behandlung, Einweisungsgrund: akuter cerebraler dekompensatorischer Verwirrtheitszustand in ihrer Wohnung. Lange Zeit nach der Aufnahme wurde sie zum Selbstschutz in ein Netzbett verlegt. Nach einer Kontaktaufnahme fanden die ersten Ausgänge statt. Sie fand sich sofort in der Umgebung und der Wohnung zurecht, erkannte die Umgebung, die Nachbarn, den Hausrat.

Auch der versuchsweise durchgeführte zweite Ausgang verlief ohne Komplikationen. Die Patientin erschien uns wie eine Fehleinweisung. Sie war situativ gut angepaßt und konnte einfache, für die Haushaltsführung notwendige Tätigkeiten allein durchführen. Aus diesem Anlaß wurde mit dem zuständigen Oberarzt die baldige Entlassung vereinbart.

Die Patientin wurde informiert, daß sie sich ab heute allein in ihrer Wohnung aufhalten dürfe und daß sie nicht mehr voll versorgt würde. Sie dürfe sich wieder selbst kochen, was sie wolle. Über diese Tatsache freute sich die Patientin sehr. Sie schien aufgedreht und erwartete nervös den Übergangspfleger auf der Station.

Die Plauderei auf der Fahrt in die Wohnung verlief normal. Beim Eintreten in die Wohnhausanlage versagten die Nerven von Frau J. akut. Sie erkannte ihre Wohnungstür nicht mehr, meinte, sie sei am Sozialamt. Sie fand sich in ihrer eigenen Wohnung nicht zurecht, war ängstlich agitiert. Sie suchte Schutz beim bekannten Betreuer. Ein totaler Verwirrtheitszustand entweder durch transitorische ischämische Attacken oder aber, und das sehen wir häufiger, durch eine akute permanente Überforderung war eingetreten.

Überforderungssyndrom

Die Patientin war nicht in der Lage, ihren Hier- und Jetzt-Zustand zu verarbeiten. Der Mensch ist so alt wie seine Adaptionszeit. Die spontane Vermenschlichung war zu schnell, plötzlich kumulieren die Probleme, und so weiter. Diese Probleme der psychischen Überforderung treten sehr häufig nachts auf, so daß, will man sich Komplikationen ersparen, eine lange Anlaufs-Vorbereitungszeit sinnvoller erscheint.

Totale psychische und somatische Mobilisierung
vor Nachtausgang oder Beurlaubung

Die Patientin wurde trotz der eingetretenen Überforderung in der Wohnsituation belassen. Ein ständiger Betreuungsdienst wurde installiert. Diese Menschen geben Schutz und Sicherheit. Animation in Form von Einkauf, Friseur und Wohnungsreinigung wurde betrieben. Der Zustand der Patientin besserte sich schnell, und auch die begonnene vegetative Symptomatik klang ab. Sie konnte nach einer kurzen nachgehenden Betreuung alleinlebend zurückgelassen werden. Die Patientin hatte ihren ehemaligen Zustand (der biologischen Hirninsuffizienz) erreicht. Es kam zu keinem weiteren Rückfall und zu keiner somatischen Verschlechterung.

Realitätsorientierungstraining im Milieu

Man kann feststellen, daß ein Realitätsorientierungstraining (ROT) verbunden mit Nootropica bei einer Aussetzungszeit des Trainings nach circa 35 Wochen wieder auf ihren Ausgangswert der Realitätsorientierung

Trainingszeit 3 × 50 Min. pro Tag

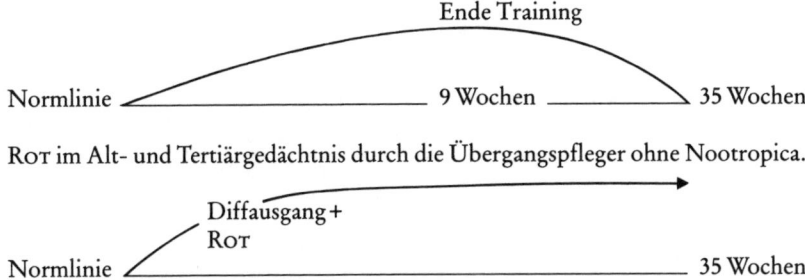

Ende Training

Normlinie _____ 9 Wochen _____ 35 Wochen

ROT im Alt- und Tertiärgedächtnis durch die Übergangspfleger ohne Nootropica.

Diffausgang +
ROT

Normlinie _____ 35 Wochen

Trainingszeit individuell, jeden 2. Tag durchschnittlich 60 Minuten

absinkt. Das heißt also, daß auch im Spitalbereich ein Dauertraining erforderlich ist, um die Demenz zu erhalten.

Beim Training kommt es in den ersten sechs Wochen zu einem ungeheuren Ansteigen der Altgedächtnisleistung.

Somit ist nachgewiesen, daß nur das Training im Milieu für Klienten aus dem geriatrischen Formenkreis sinnvoll ist.

Umgang mit Altersdepressiven

Unsere Lebensbilanz: der Beruf nicht befriedigend, die Familie nicht sonderlich, keine Reichtümer gespeichert, keine Anerkennung bei Vereinen, keine durch sich selbst. *Was war mein Leben?*
Solche oder ähnliche Gedanken können unsere depressiven, traurig verstimmten Alten haben. Der Tiefenpsychologe sagt dazu: *Das Bedürfnis nach Anerkennung wurde nicht gestillt.*
Diese Menschen leiden. Sie leiden unter ihrer Niedergeschlagenheit, unter ihrer Verzagtheit, ihrer Hilflosigkeit und ihrer Hoffnunglosigkeit. Ihre Stimmung ist auf dem Nullpunkt. Sie grübeln über ihr eigenes Versagen nach. Sie können nicht einschlafen, sie sind müde, und diese Müdigkeit und Abgeschlagenheit macht sich auch körperlich bemerkbar.

Psychosomatik – Psychomotorik
Je ruhiger, depressiver ein Mensch in seiner psychischen Motalität ist, um so ruhiger und müder ist er auch in seiner Körpersprache.
Er kann wirklich nicht aufstehen, er kann wirklich nur langsam gehen, sprechen, handeln, denken. Überfordern Sie diesen Menschen nicht! Er schaut gesund aus, ist aber schwer krank. Auch seine Kleidung – Pflege – spiegelt seinen traurigen Zustand wider. Er ist meist dunkel gekleidet, ohne Schmuck, ohne Körperpflege. Er läßt sich gehen. (Er kann nicht anders.)
Der Depressive möchte das Ende, aber nicht »Das Ende«. Er wünscht sich die Änderung seines derzeitigen Zustandes, aus dem er allein nicht herauskommt. (Überforderung ist keine gute Idee, da die Emotion gegenüber dem Intellekt schwerer wiegt.) Er wünscht sich das Ende seiner Introvertiertheit, das Ende seiner Schmerzen, das Ende seiner Ehe, das Ende seiner Bilanz, das Ende seiner Minderwertigkeit und seine Anerkennung.
Wird seine Umstellung nicht gewährleistet, dann kann bei der *Altersdepression ein Selbstmord oder Selbstmordversuch* passieren.
Je älter der Patient, um so eher besteht die Gefahr eines Selbstmordes und nicht nur eines Selbstmordversuches. Die Selbstmorde der Alten sind immer furchtbare und nicht banale Vorgänge. Bei einer progressiven Depression ist die Entstehung von Wahnvorstellungen möglich, die in der traurigen Grundstimmung ihre Ursache haben. Es sind dies vorwiegend:

Versündigungswahn: Der Patient ist überzeugt, ein schlechter Mensch zu sein. Er glaubt, seine Familie zugrunde gerichtet, Sodomie betrieben oder masturbiert zu haben. Es werden oft Dinge vorgebracht, die vor Jahren stattgefunden haben, jedoch werden sie monströs überbewertet.

Kleinheitswahn: Der Patient glaubt, vor dem finanziellen Ruin zu stehen, arbeitsunfähig und schwach zu sein, zu verhungern und zu verarmen.

Hypochondrischer Wahn: Der Patient leidet selbst am meisten, klagt unaufhörlich. Er beobachtet seinen Körper und kommt auf immer neue Symptome (Krebsangst etc.).

Therapeutische Krankenpflege

Gesprächsrichtung: Sie sollen akzeptieren, daß sie das sind, was sie sind.
Wecken Sie Interesse (Biographie des Patienten heranziehen),
Autoaggression abbauen durch vermehrte motorische Tätigkeiten,
Hobby aus Biographie ermitteln,
bitten, daß Erfahrungen uns zur Verfügung gestellt werden.
Emotionen wachrufen, Besuche bei Freunden auch außerhalb des Spitals.
Erreichbare Ziele suchen: Der englisch sprechende Sklerotiker soll einen Kurs für weitere Patienten halten; die gute Köchin einen Kochkurs und so weiter.
Anregungen zu persönlichen Dienstleistungen – sich vom Kosmetiker, vom Friseur verwöhnen lassen.
Sicheres Auftreten der Pflegeperson!

Es steht fest, daß echte schwere depressive Verstimmungen primär medikamentös versorgt werden müssen – nicht leiden lassen als Eigenbefriedigung!

Zur Medikation

Vorsicht, denn sobald der Patient zum Beispiel Antidepressiva vom Arzt verordnet erhält, wird die Selbstmordmöglichkeit größer (als ohne Therapie). Diese Medikamente heben als erstes den Antrieb (Bewegung, Motorik) und danach erst die psychische Stimmung. Bedingt durch die Antriebssteigerung kann er motorisch einen Selbstmord durchführen, den er ohne Medikation (Bewegungsunfähigkeit) nicht bewerkstelligen konnte.

Bei einigen solcher Medikamente ist eine Diät (zum Beispiel Käseverbot bei Monoaminooxidasehemmern etc.) einzuhalten. Fragen Sie den Arzt! Lesen Sie den Beipackzettel!

Depressionsbedingte Einschlafstörungen sind mit Schlafmittel nicht in den Griff zu kriegen. Bei der Beobachtung eines Patienten sollte man darauf achten, daß, wenn der Patient Schlafmittel nimmt und trotzdem nicht einschlafen kann, ärztlicher Rat indiziert ist. Achten Sie darauf, daß Ihr Patient keine Medikamente sammelt.

Sicherheitsregeln, die ärztliche Intervention brauchen: Äußerungen: »Ich kann nicht mehr!«, »Ich will nicht mehr!« sind, je älter der Patient ist, um so ernster zu werten.

Losigkeitssyndrom

Man kann beim Gespräch mit den Patienten (er ist verlangsamt, lassen Sie ihm Zeit zur Antwort) Losigkeitswörter wie: lustlos, appetitlos, antriebslos, stuhllos, schlaflos etc. eruieren.

Je mehr Losigkeitswörter zu eruieren sind, um so gefährlicher ist der Status des Patienten (ernst nehmen!).

Müdigkeit! Tagesschwankungen seines Gefühlszustandes für den Arzt festhalten.

Fallbeispiel – Diagnose: Depression im Senium

Mit der Bitte um Wohnungserhebung und Aktivierung der Patientin wurde Frau St. von der Aufnahmestation an uns überwiesen. Laut Mitteilung des behandelnden Arztes handelte es sich um eine schwere Depression. Die Patientin sei vor einigen Tagen nach mehreren Selbstmordversuchen ins Psychiatrische Krankenhaus eingewiesen worden. Die Patientin war schon mehrmals in psychiatrischer Behandlung. Die depressiven Phasen traten immer häufiger auf, und die Aufenthalte in stationärer Behandlung wurden immer länger. Die Patientin wurde auf der Abteilung besucht, sie war scheinangepaßt, sehr kontaktarm, ängstlich, depressiv verlangsamt. Die Patientin konnte nach mehreren Kontakten zu einem Wohnungsbesuch bewogen werden, um sich einige Gegenstände, die sie auf der Abteilung benötigte, zu holen. Der Ausgang wurde mit dem Arzt und der Patientin vereinbart.

Die Patientin wurde von der Abteilung abgeholt und in die Wohnung gebracht. Sie war schon auf der Abteilung und während der Fahrt sehr nervös und ängstlich. Die Klientin wurde im Haus von den Hausparteien freundlich begrüßt, es bestand im Haus zur Klientin ein sehr gutes Einvernehmen. Frau St. besaß eine sehr schöne, gepflegte und reine kleine Wohnung. Beim Betreten des Zimmers wich die Klientin gleich zurück. Neben dem Bett lagen überall leere Ampullen, leere Medikamentendosen und Medikamente im Zimmer verstreut. Die Klientin war von einer Hauspartei, die die Wohnungsschlüssel besaß, in bewußtlosem Zustand gefunden, von Sanitätern versorgt und ins Spital gebracht worden. Sie war dort entgiftet und in die Psychiatrie eingeliefert worden. Beim Anblick ihrer Wohnung verschlechterte sich der psychische Zustand akut, sie nahm einige Gegenstände und Geld und bat, sie gleich wieder ins Spital zu bringen.

Nach einigen Tagen auf der Abteilung, mit weiteren Kontaktbesuchen, stellten der Arzt und wir ein Überforderungssyndrom, eine starke psychische Verschlechterung der Patientin fest. Sie wurde äußerst depressiv und auf ihren Wunsch ins Netzbett verlegt, sie hatte Angst, sich etwas anzutun. Der psychische Zustand der Patientin besserte sich dann langsam, Besuche und Ausgänge in die Wohnung fanden statt. Durch das langsame Training gewann sie allmählich wieder Selbstvertrauen. Die Unsicherheit und Angst konnte zum Großteil abgebaut werden.

Nach circa drei Monaten wurde mit der Abteilung und der Patientin die Beurlaubung fixiert. Es wurde eine Heimhilfe bestellt sowie Essen auf Rädern, beides war zum gleichen Zeitpunkt in der Wohnung. Die Wohnung wurde in Ordnung gebracht. Die Heimhilfe wurde genau über die Problematik der Klientin informiert. Die Klientin wurde von der Heimhilfe angewiesen, ihr Essen zu wärmen. Die Nachbarn wurden gebeten, etwas auf die Klientin zu achten. Die betreuende Schwester und ich vereinbarten, Frau St. täglich zu besuchen. Unsere Telefonnummer wurde der Klientin und den Nachbarn gegeben, sie sollten bei Schwierigkeiten, auch in der Nacht, anrufen. Alte Medikamente wurden weggeworfen.

Die Klientin wurde beim Besuch am nächsten Tag stark depressiv vorgefunden, auf dem Nachtkästchen fand man Rasierklingen, sie wurden weggeworfen. Die Heimhilfe besuchte Frau St. am späteren Abend noch einmal. Sie bittet sie immer wieder, mit ins Spital gehen zu dürfen, aber sie wurde animiert, zu Hause zu schlafen. Ich besuchte sie gleich in der Frühe und verabreichte ihr ein Medikament, nach Absprache mit dem Arzt. Dieser Zustand hielt 14 Tage an.

Die Klientin bat uns oft mit gefalteten Händen, sie ins Spital zu bringen. Sie wurde wieder beruhigt und verbal gestützt. Die Heimhilfe begleitete Frau St. immer zum praktischen Arzt, richtete die Medikamente genau her, die von der Patientin genommen wurden. Der Zustand besserte sich langsam. Die Klientin wurde etwas lockerer, war nicht mehr so gehemmt und ängstlich. Die Klientin war das erste Mal beim Friseur und trug nicht mehr ihre alten dunklen Kleider, war gepflegter. Die Klientin konnte aus dienstlichen Gründen circa eine Woche nicht von mir besucht werden. Bei meinem nächsten Besuch war Frau St. nicht wiederzuerkennen. Sie berichtete mir, sie sei sich neue Kleider kaufen gewesen (moderne, lichte Kleider). Sie war von der Übergangsschwester begleitet worden, ging jetzt regelmäßig zum Friseur und war gepflegt. Die Klientin zeigte das erste Mal wieder Interesse an der Umgebung, nahm mich bei der Hand und führte mich ins Zimmer, zeigte mir den Kastanienbaum mit seinen wunderschönen sprießenden Knospen. Von diesem Tag an merkte man, daß es mit Frau St. aufwärts ging. Ihr Zustand wurde von Besuch zu Besuch besser. Die Klientin warf die alten Kleider weg, schaffte sich neue an, ging regelmäßig zum Friseur, plante einen Urlaub und führte Veränderungen in der Wohnung durch. Die Klientin konnte dem Psychosozialen Dienst zur Weiterbetreuung übergeben werden.

Die Klientin erschien circa sechs Wochen nach der Übergabe an den Psychosozialen Dienst auf der Abteilung. Sie wurde zuerst nicht mehr erkannt, sie war neu gekleidet, mit Hut, geschminkt, sie wollte sich nur bedanken für die Unterstützung. Die Nabelschnurbrücke Patient – Heimhilfe – Übergangspflege gab ihr Sicherheit und Vertrauen, weder Tagesschwankungen noch depressive Phasen waren zu erkennen. Das alles ist jetzt circa zwei Jahre her, ohne Rückfall.

Fallbeispiel – Diagnose: Vereinsamung depressive Reaktion

Herr A. kam wegen eines versuchten Selbstmordes, den er in seiner Kleingartenhütte mittels Schlafmittel durchführen wollte, zur Aufnahme. Er schien hoch depressiv verstimmt, das Leben gab ihm nichts mehr – er hätte sein ganzes Leben brav gearbeitet, Kinder erzogen, es bliebe ihm aber nach seinem 70jährigen Leben nichts mehr, was Sinn hätte, er hat keinen Reichtum, die Kinder besuchen ihn kaum (auch nicht in der Wohnung).

Sein Leben hatte seinen Sinn verloren – er erschien vereinsamt, psychisch und somatisch verlangsamt. Auf der Abteilung war er antriebslos, energielos, appetitlos, ein resignierender, mit dem Leben nicht zufriedener Mensch.

Zur Animation wurde der Patient der Übergangspflege überwiesen. Der ihm zugeteilte Krankenpfleger eruierte im Gespräch (Altgedächtnis und Lebensbiographie), daß der Patient eine besondere Vorliebe für Kakteen in Glashäusern zeigte (dies wurde in einem langsamen, nicht zusammenhängenden und von geringem Wortschatz geprägten Gespräch geäußert).

Nach Tagen auf der Abteilung, wobei der Patient mit Büchern aus der Botanik versorgt wurde (und einer geringen antidepressiven Therapie), bat die Pflegeperson um Hilfe. »Sie haben so viel Erfahrung auf dem Gebiet der Kakteen«, meinte die Pflegeperson, »daß ich Sie ersuche, mich ins Glashaus nach Schönbrunn zu begleiten, um mir einiges zu zeigen.« Am dritten Tag kam Herr A. den Bitten unseres Pflegers nach. Gemeinsam besuchten sie das Glashaus in Wien (Schönbrunn). Diese Besuche wiederholten sich. Der Patient wurde immer gesprächiger, auch die Psychomotorik hellte sich auf, er ging schneller, er bewegte sich schneller und seine Erklärungen zum Thema der Botanik wurden immer interessanter und wissenschaftlicher.

Ein Besuch bei einem Kakteenverein in Wien 20, zur Sitzung, weckte das Interesse des Herrn A. noch mehr – ein alter Lebenssinn wurde neu aktiviert und animiert.

Nachsatz: Bei den dann allein durchgeführten Besuchen im Kakteenverein lernte Herr A. eine Frau kennen, mit der er heute ein normales Familienleben mit Sinn und Zweck führt.

Umgang mit paranoiden Klienten –
Störungen der Gefühle im Alter

Kann ich nicht reden, mit wem ich will und wenn es meine eigenen kleinen Zwerge im Bauch sind???

Was sind Gefühle?

Definition: Gefühle sind als unmittelbare, angenehm oder unangenehm erlebte und kaum beeinflußbare *Ichzustände* zu verstehen. Wir erleben unsere Gefühle (sie werden uns gemacht) und freuen uns darüber oder haben Angst, Unsicherheit, Unlust. Lust bedeutet im Allgemeinen das Stillen von Bedürfnissen. Folglich handelt jeder Mensch nach dem Lustprinzip (auch ein Motiv des Handelns).
Wir unterscheiden:
Leibgefühle und
Seelische Gefühle – Zustandsgefühle, Wertgefühle, Selbstwert- und Fremdwertgefühle.

Leibgefühle

Sie werden teils durch innerliche Reize, teils durch Vorstellungen und Gedanken, teils durch äußere Reize verursacht (Kälte, Wärme, voller Magen, Heimweh, Einsamkeit).
Angst: Dieses Symptom eines negativen Gefühls verdient bei unseren Patienten besondere Beachtung. »Mit Angst kann man nicht leben!« Ist Angst nicht durch Zuwendung, durch Stärkung des Selbstbewußtseins kupierbar, ist ärztliche Intervention oder sogar ein Spitalaufenthalt unerläßlich. Menschen mit Angst in ihren Wohnungen alleinzulassen ist ein pflegerischer Kunstfehler. Angst ist ein diffuses, aber andererseits auch wiederholt lokalisierbares Leibgefühl. Es gibt:
Herzangst,
Lebensangst bei depressiver Einengung,
Angst bei Wahnideen und Halluzinationen,
Angst, die Situation nicht zu schaffen,
Angst vor Sturz bei Gehstörungen,
Angst vor dem Leben, vor dem Tod.
Angst, wen zu verlieren (auch den Betreuer).

Sind nicht am oder im Leib lokalisiert, können aber sekundär zu Leibempfindungen und -gefühlen führen. Seelische Gefühle sind oft motiviert und reaktiv.

Freude über etwas,
Reue über etwas.

Sie knüpfen dabei nicht an den Empfindungsteil des Wahrgenommenen an, sondern an seinen gedanklichen Inhalt. Es können dies sein:

Zustandsgefühle:

angenehme	– Freude, Ruhe, Zufriedenheit, Zuversicht
unangenehme	– Traurigkeit, Sorge, Furcht, Unbehagen, Leere, Langeweile
ambivalente	– Wehmut, Zerrissenheit, Gerührtheit, Entsagung

Selbstwertgefühle:

bejahende	– Kraft, Trotz, Eitelkeit, Stolz
negierende	– Beschämtheit, Schuldgefühle, Reue, Verlegenheit

Fremdwertgefühle:

bejahende	– Zuneigung, Vertrauen, Mitleid, Achtung, Dankbarkeit, Bewunderung
verneinende	– Haß, Abneigung, Mißtrauen, Verachtung, Feindseligkeit

Alle diese fließenden Vorgänge unserer Gefühlswelt können durch eine richtige Betreuung stimuliert werden. Einige Erkrankungen unseres Klientels spielen sich vorwiegend im Bereich der seelischen Gefühlswelt ab, so die Paranoia im Senium, die Verwahrlosung und die Altersdepression.

Paranoia im Senium

Bei paranoiden Gefühlen Betagter handelt es sich um Wahnideen, die mit einer Wahnstimmung (Angst) einhergehen. Die Wahnstimmung ist von krankhafter Ursache, für den Klienten selbst in seiner Gefühlsperspektive aber harte Realität. Man spricht von einem unkorrigierbarem Irrtum. Das Wahnsymptom läßt sich daher durch logische Argumente nicht beeinflussen, obwohl bei diesen Patienten die kognitiven Leistungen auf allen Ebenen funktionieren. Es sind häufig Leute mit hoher Sensibilität, die jede körpersprachliche Äußerung der Pflegepersonen deuten können.

Erst wenn die Wahnideen angstbesetzt sind, haben wir die Aufgabe, die Angst in den Griff zu bekommen. Meistens sind erhöhte Ängste beim Beziehungswahn und Verfolgungswahn festzustellen.

Beziehungswahn

Alles wird mit der eigenen Person in Beziehung gebracht, alles was um einen vorgeht hat eine bestimmte Bedeutung. Es wird aus dem Verhalten der Mitmenschen auf eine bestimmte Absicht geschlossen. Meist ist es noch schlimmer, wenn reale Grundlagen vorhanden sind. (Leute mit Gangstörungen, Parkinson, Ataxien, Chorea Huntington wackeln beim Gehen und werden ja zum Teil wirklich von anderen Menschen primär beobachtet.)

Verfolgungswahn

Patienten fühlen sich verfolgt, beobachtet zum Beispiel von Personengruppen (Juden, Katholiken...) oder aber auch von Einzelpersonen (Nachbarn, Sohn, Tochter...). Der Patient kann nach entsprechender Dauer den Spieß umdrehen und den eigentlich Unschuldigen belästigen. (Den Nachbar anzeigen, der immer klopft. Anzeigen von Sexorgien im Hause...)

Symptomspezifisches Verhalten

Wollen wir die vorliegenden vier beschriebenen Entstehungsursachen oder Auslösungsmomente für eine paranoide Idee akzeptieren, so kommen diese in folgender Häufigkeit vor:
1. Ursache – Schuld und Sühne
2. Ursache – tatsächliche Vergiftung
3. Ursache – nicht eruierbare Ursachen (unkorrigierbarer Irrtum ohne nachweisbare Auslösung)
4. Ursache – »Ich werde verfolgt!«

Der Umgang mit diesen Patienten ist prinzipiell gleich. Es muß nur ein fundierter Einstieg zu diesen Patienten gefunden werden, wobei wir Betreuer selbst keine Unsicherheit zeigen sollten. Wir sollten ihre Mutmacher sein, jene Personen, die ihnen gegen ihre Feinde helfen. Die Patienten sollten durch die Ausstrahlung der Pflegeperson sicherer, beständiger, angstfreier werden. Sicheres und bestimmtes Auftreten gibt den Patienten Halt. Meist bewähren sich männliche Betreuer bei weiblichen Patienten und umgekehrt. »Betagte« leben in einer Zeit, wo man zu den Damen noch höflich und zuvorkommend war, Männer eine Aussage treffen durften, die Gültigkeit hatte (Prägung).

Intentionen im Milieu sind durchzuführen, das heißt, daß wir bei den Nachbarn, beim Hausmeister und so weiter um größeres Verständnis bitten, daß wir die Sachlage erklären. Es steht aber mit Sicherheit fest, daß der gesunde Mensch, »der Nachbar«, ebenfalls leben muß. Die psychisch Abnormen dürfen nicht so in der Hausgemeinschaft regieren, daß man damit die Gesunden zu stark belastet. Sehr nützlich erweist sich auch die Uniform eines Polizisten, die manchmal schon so kooperativ sind, daß sie mit unseren Patienten Gespräche führen, sie beschützen, sie von Störenfrieden fernhalten.

Die Betreuung eines paranoiden Patienten erfordert sehr viel Feingefühl und Aufmerksamkeit. Man darf hierbei nie vergessen, daß diese Patienten meist nur auf dem Gebiet ihres Wahns für keine rationellen Argumente empfänglich sind, daß aber alle anderen Hirn- und Leistungsfunktionen funktionieren. Falsche Aussagen, Gespräche mit Nachbarn im Gang des Hauses, falsche Bemerkungen zu Mitpatienten können zu einer Umstimmung der Einstellung führen, so daß der Patient die Pflegeperson zu den Feinden zählt und in den Feindeskreis aufnimmt. (Aha-Erlebnis: Aha, der Pfleger paktiert ja mit meinen Feinden, der gehört ja auch zu dieser Brut!)

Schuld und Sühne als Grundlage

Bei dieser Theorie handelt es sich um die Tatsache (praktisch nachgewiesen), daß Menschen in ihrer Jugend Jugendsünden diverser Art begingen, es aber nie zu einer Sühne, zu einer Abreaktion dieser Taten gekommen ist. Sie verdrängen die begangene Tat. In der Spätfolge, beim geistigen Abbau der Über-Ich-Normen, kommt die Schuld verschlüsselt als paranoide Idee, als Selbstquälung, als Selbstbeschuldigung wieder an den Tag. Die bösen Taten können aber auch auf den bösen Nachbarn projiziert

114

werden. Nicht ich bin böse, sondern er ist es! Er belästigt mich, er sekkiert mich! Sünden aus der Jugend sind bei den meisten Menschen in irgendeiner Form vorhanden. Die Art und Weise der späteren Verkraftung dürfte aber der ausschlaggebende Fundus sein, ob und wann eine paranoide Symptomatik entsteht.

Auch hier gilt es, »Mutmacher« für den Patienten zu sein, fallweise die eruierte paranoide Symptomatik von unserer Seite aus zu negieren, sie nicht durch Fragen wachschütteln. Viele unserer Patienten fordern spontan bei paranoiden Symptomen nur Hilfe, wenn sie Angst bekommen, wenn sie mit ihrem Leiden nicht mehr leben können. In einem solchen Fall sollte nicht von der paranoiden Idee gesprochen werden. Patienten melden sich bei Progression der Erkrankung selbst. Die zweite Möglichkeit besteht darin, die Jugendsünde durch Gespräche zu eruieren und zu eliminieren. Jugendsünden liegen häufig auf sexuellem Gebiet: Betrugsaffären mit dem Nachbarn, kurze Seitensprünge stehen hier im Vordergrund. Sie sind leicht zu beseitigen. Die Patienten sprechen sich ihre Sünden von der Seele – die Paranoia ist beherrscht. Bei schwierigen Fällen haben wir auch mit vollem Erfolg versucht, den Patienten in der Kirche eine priesterliche Beichte abnehmen zu lassen. Diese seelische Entlastung hat wahrscheinlich den größten Wert.

Fallbeispiel

Frau A. B. teilte mir bei jedem meiner Besuche mit, daß ihr Sohn jede Nacht zu ihr kommen würde. Sie würde den Tisch für ihn decken und ihn reichlich bewirten. Dann ginge er wieder. Dies geschähe jede Nacht und es erschien ihr nicht merkwürdig, denn er hätte ja nur nachts Zeit. Er würde während des Tages arbeiten und sie hätte dann sowieso auch keine Zeit. Bei einem längeren Gespräch mit den Nachbarn der Patientin stellte sich heraus, daß der Sohn ein unerwünschtes Kind war. Sie behandelte den Buben schlecht und benahm sich nicht wie eine gute Mutter. Der Sohn hielt dies nicht länger durch und ging in frühester Jugend nach Amerika, wo er auch verstarb.

Die Patientin gab bei einem Gespräch plötzlich zu, daß ihr Sohn in Amerika lebe, sie negierte aber seinen Tod. Wir führten dann täglich Gespräche im selben Sinn. Eine Mutter hat nicht Tag und Nacht und immer auf einen Sohn aufzupassen. Sie muß einen Sohn nicht verhätscheln. Er wäre, wegen besserer Berufschancen sowieso ausgewandert. Er wäre sowieso ausgewandert…! Er wäre sowieso ausgewandert…!

Der Schuldkomplex konnte genommen werden. Die paranoide Symptomatik war plötzlich und abrupt (ohne Psychopharmaka) verschwunden. Der Sohn kam nie mehr wieder. Eine Projektion des Wahnsystems auf ein anderes Gebiet trat ebenfalls nicht auf.

Tatsächliche Vergiftung als Grundlage

Es ist medizinisch interessant, daß viele alte Leute eine Vergiftungsparanoia entwickeln und dabei tatsächlich vergiftet sind. Wenn unsere Patienten vermehrt Digitalis zu sich nehmen (Herzweh-, Herzpulver), also die therapeutische Maßnahme kumuliert, kann sich daraus als erstes Symptom die Angabe »die Nachbarin vergiftet mich mit Gas« entwickeln. Kein Mensch denkt daran, daß eine Digitalisintoxikation vorliegt. Bei therapeutischer Einstellung (Weglassen der Digitalisüberdosierung) bessert sich diese psychische Symptomatik, ohne daß eine psychiatrische oder gesprächstherapeutische Maßnahme vorgenommen wurde. Bei Vergiftung mit anderen Mitteln ist der Verlauf natürlich genauso zu verstehen.

Nicht eruierbare Ursachen als Grundlage

Bei Wahnzuständen im Alter, bei denen ein Grund für das Verhalten des Patienten nicht gefunden werden kann, gehen wir bei der Pflege im Sinne der paradoxen oder negativen Intention vor und haben damit gute Resultate erzielt. Wir gehen von der Tatsache aus, daß ein Wahn ein unkorrigierbarer, unbeeinflußbarer Zustand ist, der für den Patienten zur Realität wurde. Wir können ihn daher mit logischen Argumenten nicht ausreden, nicht beeinflussen, nicht korrigieren. Wir nehmen ihn als Tatsache an. Wir akzeptieren seine Paranoia, wir befürworten und bejahen sie. »Hier kommt Gas aus der Nachbarwohnung raus!« »Jawohl«, ist die Antwort der Pflegeperson, aber wir werden versuchen, dies zu verhindern, technisch zu beheben. Wir verwenden strahlensichere Tapeten, gasundurchlässige Folien, einbruchsichere Türschlösser, versperren »Tiere« im Backrohr und lassen sie täglich durch die Patientin füttern. Wir tapezieren strahlensichere Räume, verlegen zur Paranoia Anlaß gebende Leitungen, stellen Wachposten vor die Haus- oder Wohnungstür, um Einbrecher zu beseitigen, schreiben politische und Magistratsbescheide, lassen Gegner im Gefängnis sterben. ...

Wir sind schauspielerisch tätig!

Auch hier möchte ich erwähnen, daß die Pflegeperson so viel Sicherheit, so viel Macht gegen den Gegner ausstrahlen muß, daß es für den Patienten, der ja auf diesem Gebiet nicht logisch denken kann, gefühlsmäßig klappt, gefühlsmäßig in Ordnung geht, daß gefühlsmäßig Hilfe vorhanden ist.

Ich muß zugeben, daß ich persönlich nicht an die Möglichkeit der paradoxen Intention glaubte, und daß ich mich bei der Gesprächsführung vor dem Patienten und den eventuell anwesenden Verwandten genierte. Ich muß aber heute zugeben, daß sich diese Form der Paranoia-Behandlung bei Senilen als eine der besten Möglichkeiten bewährt hat. Wesentlich ist aber auch, daß die nachgehenden Betreuer voll instruiert werden müssen, so daß der Therapieerfolg gesichert bleibt. Natürlich werden durch diese Maßnahmen nicht alle Patienten angstfrei, wobei ich das Angstfrei-Leben in der Wohnung als wesentlichsten Erfolg bezeichnen würde. Ich glaube hingegen nicht, daß man eine Paranoia voll beseitigen kann.

Sollte durch eine negative Intention allein die Symptomatik nicht beherrschbar werden, so kann man auf eine Mischbehandlung, wie sie aus dem nächsten Beispiel ersichtlich ist, ausweichen. Hierbei treffen Depotbehandlung mit Neuroleptika, die Gesprächstherapie in Form der negativen Intention, die somatische Beherrschung des Krankheitsgeschehens und die Wirkung des Pflegers als Sicherheitsperson zum gemeinsamen Gelingen zusammen.

Fallbeispiel

Eine neue Patientin wurde mir von der Supervision zur Betreuung zugeteilt. Diese Patientin litt schon seit Jahren an paranoiden Wahnvorstellungen. Bei der Einlieferung waren diese so ausgeprägt, daß sie auch somatisch sehr dekompensierte.

Erstbesuch bei der Patientin
Die Patientin wurde im Tagesraum in einem dekompensierten psychischen Zustand angetroffen. Ich erklärte ihr, daß ich sie von jetzt an betreuen und ihr helfen würde, sich in ihrer gewohnten Umgebung zurechtzufinden. Die Patientin war sichtlich erfreut, daß sich jemand ihrer annahm und wurde nach einiger Zeit auch sehr gesprächig. Sie erzählte mir ihre Sorgen, die sich aus ihrem paranoiden Zustandsbild ergaben. Die Patientin fühlte sich auf der Straße verfolgt, konnte aber über die Personen keine genauen Angaben machen. Sie war auch der Überzeugung, daß dieselben Unbekannten in ihre Wohnung kämen. Die Patientin glaubte, daß

dies alles von der Hausmeisterin ausging, auf die sich die Paranoia haupt-sächlich bezog. Nach dem Erstbesuch gab ich auf der Abteilung bekannt, daß ich mit der Patientin einen Ausgang machen würde.

Die Patientin wurde vom Krankenhaus abgeholt und in die Wohnung gebracht. Beim Eintreffen vor dem Wohnhaus waren deutliche Angstzu-stände erkennbar, welche sie negierte. Vor der Wohnungstür meinte sie, daß an ihrem Schloß manipuliert worden wäre. Erst nach einigen Versu-chen gelang es ihr, die Tür aufzusperren. Die Wohnung der Patientin befand sich in einem sauberen Zustand, allerdings hingen an sämtlichen Gegenständen wie Kasten, Kühlschrank, Fernseher, Badewanne, ja, sogar auf der Toiletten-Muschel kleine Zettel, auf denen stand: »Dies ist Eigen-tum von Frau.:. und darf von keinem Fremden benützt werden«, dar-unter Datum und Unterschrift. Die Patientin kontrollierte auch die Zettel und meinte, daß jemand in der Wohnung gewesen wäre.

Nach einem Gespräch über ihr Krankheitsbild wurde der differen-tialdiagnostische Ausgang beendet. Auf der Abteilung fand eine Bespre-chung zwischen dem Oberarzt, der Patientin und mir statt, wobei auch die gegenwärtige Therapie auf Depot-Injektionen geändert wurde.

Bei weiteren Ausgängen mit der Patientin erfolgte ein intensives Reali-sations- sowie Reaktivierungstraining, welches sich auf sämtliche Tätig-keiten wie Einkaufen, auf die Bank gehen und Kontaktaufnahme mit den Nachbarn bezog. In vier Wochen war der psychische Zustand so weit stabil, daß eine Beurlaubung vom psychiatrischen Krankenhaus erfolgen konnte.

Die ersten Stunden des Realisationstrainings *nach der Beurlaubung* wa-ren schon ein wenig erfolgversprechender. Die Klientin begann, sich ge-zielt zu integrieren. Der psychische Zustand war bei den ersten Besuchen stabil und zufriedenstellend. Da die Klientin nach einiger Zeit die Medika-mente nicht mehr nahm, kam es abermals zur Dekompensation. Die Klientin fühlte sich wieder bedroht. Sie zeigte mir Stellen, wo man chemi-sche Mittel auf sie sprühen würde, welche, wie sie meinte, Haarausfall bewirkten. Weiter kämen während ihrer Abwesenheit wieder Unbe-kannte in ihre Wohnung und würden sie bestehlen. Um zu verhindern, daß die Klientin eine Anzeige bei der Polizei machte, wurde ihr der Vorschlag gemacht, dies mit ihrem behandelnden Arzt (Psychiater) zu besprechen, zu dem sie auch Vertrauen hatte. Nach einem Gespräch mit dem Arzt wurden die Intervalle der Depot-Injektionen auf eine Woche verkürzt. Die ersten Tage nach der Depot-Injektion wurden für die Klien-tin zur Qual. Vermehrte Einsätze mit Gesprächstherapie und Realisations-

118

training waren notwendig, um sie nicht wieder in das psychiatrische Krankenhaus bringen zu müssen. Die paranoide Wahnidee, von der Hausmeisterin verfolgt zu werden, verstärkte sich derartig, daß abermals Angstzustände auftraten. Durch den völlig dekompensierten psychischen Zustand begann sich die Klientin auch somatisch zu verschlechtern (mangelhafte Nahrungs- und Flüssigkeitsaufnahme, Kreislaufentgleisungen). Mit viel Mühe und einigen Arztbesuchen konnte die Klientin wieder somatisch stabilisiert werden.

Circa zehn Tage nach der Injektion zeigte sich auch eine leichte Besserung des psychischen Zustandsbildes. Zeitweise fand die Klientin Dinge wieder, welche ihr abhandengekommen waren. Weiter bemerkte sie auch nicht mehr, daß Fremde in die Wohnung kämen.

Als wir nach circa drei Wochen glaubten, die Klientin psychisch stabilisiert und die Paranoia unter Kontrolle zu haben, eröffnete sich uns ein neues Problem. Bei der Klientin trat ein Parkinsonismus auf, der besonders die Mimik veränderte. Als sie ihren veränderten Gesichtsausdruck im Spiegel sah, kam es zu einer Verstärkung der paranoiden Wahnideen. Die Klientin vermutete, daß, während sie in der Nacht schlief, durch das Fenster Giftstoffe eingesprüht wurden, um sie unschädlich zu machen. Diese Angriffe würden wieder nur von der Hausmeisterin ausgehen, da diese ihre Wohnung haben wolle. Es wurde versucht, der Klientin zu erklären, daß sie an einem Parkinsonismus leide und diese Krankheit die Veränderung ihres Gesichtsausdrucks bewirke. Diese Erklärung wurde aber von ihr nicht akzeptiert, sie blieb weiter auf die Chemikalien fixiert.

Aus diesem Grunde wurde daher eine paradoxe Intention gesetzt. Es wurden zwei Tuben Uhu gekauft und es wurde der Patientin erklärt, daß dieser Klebstoff für Giftstoffe undurchdringlich sei. Weiter wurde eine Behandlung mit Medikamenten begonnen. Jene Stellen beim Fenster, wo angeblich das Gift hereingesprüht wurde, wurden mit Uhu abgedichtet. Die Klientin gab sich anfangs sehr skeptisch und glaubte, daß dies nichts nützen würde. Erst als nach einiger Zeit der Parkinsonismus im Abklingen war, überzeugte sie sich, daß die Abdichtung mit Uhu wirkte. Nun konnte ein neuer Versuch gemacht werden. Die Klientin wurde in ihrer gewohnten Umgebung reaktiviert. Abermals wurden mehrere Realisationstrainings sowie eine Gesprächstherapie durchgeführt. Nach einiger Zeit schien sich der psychische Zustand der Klientin stabilisiert zu haben. Sie zeigte keine paranoiden Züge mehr, auch nahm sie regelmäßig ihre Medikamente und ging zum Arzt, um ihre Depot-Injektionen zu holen.

Nun folgte ein Beobachtungszeitraum von circa drei Wochen, in dem sich erkennen ließ, daß der psychische Zustand kompensierte. Die Klientin wurde von Tag zu Tag aktiver. Sie ging spazieren, machte sogar einmal einen Ausflug mit Pensionisten und fühlte sich in ihrer Wohnung sehr wohl. Am Ende dieses Zeitraumes befand sich die Klientin in einem psychisch sowie physisch guten Zustand, so daß sie keiner intensiveren Betreuung mehr bedurfte. Die Klientin wollte keiner psychosozialen Institution mehr angeschlossen werden, sondern versuchen, lieber allein zurechtzukommen. Auf Wunsch der Klientin wurde die Übergangspflege mit Erfolg abgeschlossen.

Postskriptum: Ein Jahr später besuchte ich die Klientin kurz. Diese freute sich, mich zu sehen und befand sich in einer ausgezeichneten psychischen Verfassung. In einem Gespräch mit ihr konnten keine paranoiden Ideen mehr eruiert werden.

Es ist wesentlich, daß bei der Betreuung von paranoiden Patienten und deren Pflege die Dissimulation, das Konfabulieren und das Angstsymptom nicht vergessen werden. Wenn ein Mensch Angst hat, so verbraucht er enorm viele Kalorien und nimmt ab. So sehe ich als eine der sicheren Kontrollen einer paranoiden oder Angstsymptomatik, die Überprüfung des Körpergewichtes an. Auf der Abteilung sind monatlich durchgeführte Gewichtskontrollen zur Sicherung des therapeutischen Effektes unumgänglich.

Der Erfolg der Bemühungen kann auch graphisch in Form einer Liste veranschaulicht werden. Man kann die paranoide Symptomatik in folgende Grade einteilen:

leicht
— Klienten reden über ihre Störungen, ohne aber Angst zu zeigen. Sie sind der Situation gegenüber angepaßt, belästigen keine Nachbarn. Manchmal handelt es sich auch um stille (aus der Biographie) Leider, die die scheinbaren Belästigungen einfach erdulden. Das ist ein Zustand, der ohne Korrektur beherrschbar ist. Der Klient ist ja ohne Angst lebensfähig. Vorsicht bei eventuell auftretendem Alkoholabusus.

mittel
— Es treten bereits Unlustgefühle, Abneigungen, Verunsicherungen auf. Nachbarn und Gegner können belästigt werden. Bei forciertem Gespräch geben die Klienten bereits eine vegetative Symptomatik kund.

schwer   – Es kommen zu der bestehenden Verunsicherung noch Affekte, raptusartige Zustände hinzu. Die Klienten werden meist verbal aggressiv gegen den Gegner. Teilweise setzen Halluzinationen dem Klienten stark zu. Er ist allein, ohne Maßnahmen nicht mehr lebensfähig.

Effizienz-Überprüfung bei paranoider Symptomatik

Vor- und Zuname: geb.:	Mai	Juni	Juli	Aug.	Sept.	Okt.	Nov.	Dez.
Gewichtskontrolle	65	65		69		72		
Medikation								
Psycho-Therapie: Beichte vermehrte Zuwendung paradoxe Intention Toxikose Somatik	 × × 	 × × 	 × 	 × 	 × 			
Dissimulierung								
schwer Halluzinationen Affekt, Erregung verbal aggressiv gegen Objekt verbal aggressiv *mittel* Unlust Verunsicherung Reden mit Emotionen *leicht* Reden darüber ohne Erregung angepaßt (stiller Leider) symptomatischer Alk. +–								

121

Ich werde verfolgt!

Die Paranoia-Ursache kann auch heißen »Ich werde verfolgt« und ist eigentlich gleichbedeutend mit dem Ausdruck »Ich wurde verfolgt!«

Wir werden eigentlich ein ganzes Leben lang verfolgt. Es ist nur eine reine Auswirkungsfrage, ob es uns recht ist, oder ob wir uns dagegen wehren, und wie wir uns wehren können. Manche Menschen können sich gegen ihre eigenen Verfolger (Paranoidogene) nur durch Verdrängung (Abgleiten lassen ins Unbewußte) befreien.

Sie verdrängen ihren Verfolger (Paranoidogen).

Zum Beispiel die Eltern: die Mutter, die sie immer verhätscheln will, die sie immer füttern will, die ihre Liebe voll auf das unselbständige Kind konzentriert.

Den Vater, er will von uns Pflichterfüllung. Wir erfüllen sie nicht. Die Folge – wir werden verfolgt von unserer Reue, von unserem Vergehen, den Wunsch des Vaters nicht erfüllt zu haben.

Als Erwachsene haben wir die Möglichkeit, unser Gewissen zu verdrängen: Wir wissen nicht mehr, daß wir verfolgt wurden oder werden. Wir haben es gut verdrängt und gespeichert. Doch eines Tages, zum Beispiel im Senium, kommen uns unsere Paranoidogene (Vater, Mutter) wieder besuchen. Wir fühlen uns verfolgt, wahrscheinlich durch einen Auslösungsmoment (gleiche Sprache wie Vater, gleiches Aussehen, gleiche Handlungen). Wir stehen unserem Paranoidogen gegenüber und reagieren mit Angst, mit Furcht.

Beseitigung des Paranoidogens: Patient kommt in die Anstalt, er sieht sein Paranoidogen nicht mehr. Er fühlt sich geschützt. Das Paranoidogen wird entfernt (meist nicht möglich, nur bei Übersiedlung oder Exitus). Oder der Patient flüchtet. Er verschanzt sich selbst, er räumt sich aus dem Wege, aus der Gefahrenzone (siehe Beispiel).

Negative Intention als Hilfe zur Verdrängung. Wir helfen dem Patienten seinen Verfolger zu vergessen, beschäftigen ihn, geben ihm Lebensinhalt, negieren den Verfolger.

Oder der Pfleger als Kampfhilfe gegen den Gegner, miteinander schaffen wir's, unser Paranoidogen zu beseitigen.

Fallbeispiel – Die Pflegeperson
als Mutmacher gegen das Paranoidogen

Zu ihrer Sicherheit verkroch sich Frau H. in eine »Schlafkammer« im Keller. Sie hatte Angst vor ihrem Nachbarn, so heftige Angst vor ihrem Paranoidogen, daß sie sich in diese Einsamkeit verschanzte. Ohne Hilfe war sie machtlos ihrem Gegner ausgeliefert.

Durch die Betreuung unseres Mitarbeiters, den sie als große Stütze gegen ihren Gegner empfand, fing sich die Klientin rasch und zog aus dem Kellergewölbe aus. Sie faßte so viel Mut, daß sie in ihrer Wohnung leben konnte, ohne daß die Angstzustände wieder auftraten.

Dies war eine jener Klienten, bei der im Gespräch eruiert werden konnte, daß sie von ihrer Mutter sehr verhätschelt worden war. Sie mußte immer essen, mußte immer warme Pullover anziehen, um sich nicht zu verkühlen. Sie flüchtete daher schon als kleines Kind immer in den Keller, um sich der Verfolgung ihrer Mutter zu entziehen. Im Senium tauchten die Verfolgungen erneut auf, denn die Nachbarin (das Paranoidogen) reagierte wie ehemals die Mutter. Sie brachte ihr Essen (natürlich vergiftet), wollte die Wohnung sanieren (natürlich nur, um Böses anzustellen). Der Kreislauf war geschlossen! Erst der Übergangspfleger (Vater!) konnte hier Abhilfe schaffen.

Fallbeispiel – Verwahrlosung durch paranoide Ideen

Frau H. war jahrzehntelang als Röntgen-Fachärztin tätig. Eines Tages fühlte sie sich durch Strom und Röntgenstrahlen verfolgt – diese kämen aus dem Sicherungskasten, aus der Badewanne, aus Steckdosen, aus dem automatischen Türöffner und aus den Telefonkabeln.

Jahrelang konnte sie diesen Zustand gut kompensieren, für die Umwelt und für die Berufswelt war sie unauffällig, unbelastet. Zu Hause aber hatte sie viel zu tun. Jede freie Minute verbrachte sie damit, strahlensichere Zustände im Milieu zu schaffen. Dies machte sie mit Dosendeckeln und Isoliermaterial, das sie selbst in mehreren Fällen an die Wände klebte. Die gesamte Wohnung war in mehreren Schichten mit Dosendeckel-Isolierband und Dosendeckel-Leukoplast verklebt. Eine monate- und jahrelang dauernde Tätigkeit. Stellen, die nicht dicht genug waren, wurden mit normalem Speisegrieß bestreut – so konnten wir immer wieder verstreuten Grieß finden und in der Spätfolge eben Rückschläge bzw. Dissimulierungen erkennen. Grieß im Sicherungskasten, Grieß am Türeingang, Grieß in der Badewanne und fein aufgestreut als Wohnungs- oder Wohnzimmeraufteilung. Frau H. negierte diese Grießhaufen, als würde sie nicht wissen, woher sie gekommen waren – »vielleicht ist gerade ein Sackerl gerissen«. Sie negierte und dissimulierte diese Vorgänge.

Ihre Strom- und Strahlenparanoia führte schließlich dazu, daß die Wohnung immer mehr verbarrikadiert, die Wandbeklebung immer stärker und dicker wurde. Eine Benutzung des Wannenbades wurde durch die hohen Anteile an Grieß gänzlich unmöglich. Hier fällt doch ganz typisch auf, wie sich eine intelligente, auf dem Sektor Strahlen besonders ausgebildete Person, emotionell in eine Wahnidee hineinsteigern kann. Sie vergißt ihre Ausbildung und wird nurmehr gefühlsmäßig tätig.

Eine von uns durchgeführte Veränderung des Sicherungskastens, eine Sanierung und Entrümpelung der Wohnung sowie eine Neubeklebung der Wände mit strahlensicheren Tapeten führte rasch zu einer Besserung der Paranoia – bei den Stößen, wo die Tapeten zusammenkamen, waren aber, wie es schien, noch durchlässige Stellen, so daß wir von Zeit zu Zeit Grieß am Boden fanden.

Paranoidogen – Röntgenstrahlen. Ihr eigentlicher, nie gewollter und von den Eltern aufgezwungener Beruf rächte sich als Paranoia im Senium bitter. Wir rieten ihr, ein Kunsthandwerk, das sie als ursprünglichen Jugendtraum hatte, auszuüben. Ja, wir bettelten um ihre Hilfe, denn es käme Weihnachten und für viele unserer Patienten hätten wir kein Geschenk, nur sie könne uns helfen. Ihr Mitleid zu uns, die wir so ungeschickt waren, führte dazu, daß sie immer mehr von unserer Wolle verbrauchte, immer mehr Freude und Aktivitäten entwickelte und scheinbar die Strombelästigung vergaß.

Sie vergaß die Strahlen und uns!

Ein Fallbeispiel meiner Kollegin

»Mit der Patientin Sch. hatte ich eine Betreuung übernommen, die mir zwar viel Arbeit und Trubel bereitete, die mir aber auch sehr viel Freude machte und mir manche lustige Stunde brachte.

Schon unser erstes Zusammentreffen verlief ungewöhnlich. Die Patientin, die man sowohl nach ihrer äußeren Erscheinung als auch von ihrer Ausdrucksweise als »Dame« bezeichnen konnte, war 80 Jahre alt, groß, schlank, gepflegt und noch immer hübsch. Ich traf die Patientin am Park des Psychiatrischen Krankenhauses, wo ich mich um eine andere Frau kümmerte.

Frau Sch. gab mir sofort deutlich zu verstehen, daß ich mich beeilen solle, sie wolle schließlich auch nach Hause. All dies klang nicht unfreundlich, aber sehr bestimmt und wurde im schönsten Schriftdeutsch vorgebracht. Sie sei ja ganz gerne hier und es gehe ihr ja auch ganz gut, aber daheim sei eben daheim.

Also, versuchen konnten wir es ja, aber es schien sehr schwierig zu werden, denn die Klientin litt unter einer paranoiden Wahnsymptomatik und war mit Verwirrtheit und Selbstverletzungsgefahr aufgenommen worden. Sie hatte glühende Kohlen aus dem Ofen geholt und Selbstmordabsichten geäußert.

Auszug aus dem Krankenbericht: Patientin Sch., geboren 1902, Schneidermeisterin im Ruhestand, nach später Heirat verwitwet, Angehörige: Bruder und Frau. Patientin leidet laut Angabe der Schwägerin seit etwa sechs Jahren an Wahnideen und fühle sich von ihr und dem am Gang wohnenden Juristen Doktor M. verfolgt. Sie habe in letzter Zeit alles verloren, Schlüssel, Geld und hebe Geld von der Bank ab, ohne sich daran erinnern zu können. Sie sei aggressiv und trinke harte Getränke. Soweit dem Gespräch mit den nächsten Angehörigen zu entnehmen war, dürften die Anschuldigungen ihnen gegenüber nicht unbegründet sein. Die Patientin selbst gab an, seit Jahren von der Familie Doktor M. und ihrer Schwägerin belauert und bestohlen zu werden.

Man wolle ihre Wohnung; Schmuck und Golddukaten hätte man ihr mit einer erschlichenen Unterschrift schon abgeluchst, und nur diese Leute könnten dahinter stecken, daß sie nun in der psychiatrischen Abteilung sei. Die Patientin lehnte jede medizinische oder ärztliche Betreuung ab.

Sie erzählte von einer harten, aber guten Jugend auf dem Land. Sie wäre täglich um halb vier Uhr auf den Kartoffelacker gegangen, war dadurch zu spät zur Schule gekommen, aber der Lehrer hätte das verstanden. Alle wären sie etwas geworden. Alle! Sie selbst ging nach Wien und arbeitete als Schneidermeisterin für Adelige und die höhere Gesellschaft. Sie habe nie ein Blatt vor den Mund genommen und nicht alle Aufträge angenommen. So zum Beispiel: »Meine liebe Gnädige Frau, von diesem Schnitt muß ich ihnen abraten, er würde sich nicht vorteilhaft machen, so sie aber auf ihrem Wunsch bestehen, müssen sie sich leider nach einer anderen Schneiderin umsehen.« Deshalb machte sie sich später auch selbständig. Ihren Mann habe sie sehr spät geheiratet, sie blieben kinderlos, aber er hätte schon versucht, sie mit E 605 im Kaffee zu vergiften. Aber das wäre gar nichts im Vergleich zu dem, was Doktor M. und ihre Schwägerin alles versuchen würden. Alle diese Äußerungen beschloß sie mit dem Satz: »Das sind keine Guten, nein das sind keine Guten!«

Beim ersten Ausgang fand ich alles so, wie von der Patientin beschrieben. Die Wohnung war ca. 250 Quadratmeter groß, aber nur ein Raum und die Küche wurden bewohnt. Jedoch war alles sauber und nett. Die Klientin findet sich gut zurecht und benahm sich wie eine vollendete Dame, charmant, humorvoll und liebenswürdig. Auch später war die Klientin immer elegant gekleidet. Die Haare trug sie in einem Knoten, und als Dame verließ sie nie ohne Handschuhe und Hut das Haus. Obwohl sie von ihren Wahnideen nicht abließ, wurde sie nach Hause entlassen.

Nun begannen Betreuung und Probleme. Sie hatte keine Kohlen, also, die konnte nur Doktor M. in ihrer Abwesenheit gestohlen haben. Man kaufte Kohlen und sie war beruhigt, denn ihren Ofen liebte sie sehr, da er ihr nun schon jahrelang treue Dienste geleistet hatte. Die Klientin hatte keine Zähne, also wurden welche angefertigt. Aber kaum hatte sie das Gebiß, war es weg. Die Klientin war in höchster Aufregung. Folgendes erzählte sie mir: »Also, meine Schwägerin hat mich besucht, und wie sie geht, sind auch die Zähne weg. Also, ich zu ihr hinüber, und wie sie mir aufmacht, sehe ich schon mein Gebiß in ihrem Mund. Aber die Frechheit ist ja, daß sie mich noch ganz unverschämt damit angelacht hat. Nein, ich sage es ihnen, das ist keine Gute!« »Also, Frau Sch., das gibt es nicht. Ihre Zähne passen doch der Schwägerin nicht.« »Ja, man sollte es nicht für möglich halten, und ich selbst würde es kaum glauben, hätte ich es nicht mit eigenen Augen gesehen.« Es war nicht leicht, die Patientin zu beschwichtigen. Erst als ich ihr erklärte, daß die Zähne der Schwägerin nicht gepaßt hätten und sie diese deshalb klammheimlich wieder zurückgebracht hätte, begann sie zu suchen und siehe da, wir fanden zwei Paar Prothesen, und der Vorfall endete mit den Worten: »Frau E., Sie haben wieder einmal Recht gehabt, wenn ich Sie nicht hätte.« Alle Psychotherapeuten mögen mir verzeihen, aber der Erfolg heiligt die Mittel.

Ein weiteres Problem war das Geld. Die Pension war klein, und Frau Sch. hatte so ihre lieben Gewohnheiten. Zwar hob sie jedesmal nur 200,– Schilling vom Konto ab, aber sie kaufte auch reichlich ein. Einmal vier Koteletts, wovon drei verdarben, oder sie machte faschierte Laibchen für eine Großfamilie. Doch was sie kochte, kochte sie gut. Es war auch immer ein Slivowitz im Haus, den brauchte sie gegen Husten und Schnupfen. Auf den Hinweis, daß sie im Moment weder das eine noch das andere hätte, meinte sie, es sei doch klar, daß man vorbeugen müsse. Medizin nahm sie keine. Sie wäre nie krank, und gegen Husten und Schnupfen hätte sie den Schnaps. Mit einem halben Liter pro Woche erstickte sie jede Erkältung im Keim.

Doch das meiste Geld verbrauchte sie im Kaffeehaus. Sie lebte fürs Kaffeehaus. Wenn sie nicht daheim war, dann gab es nur drei Orte, zwei Kaffees und ein Selbstbedienungs-Restaurant eines Warenhauses, wo sie noch sein konnte. Sie kannte alle, und alle kannten die liebe Frau Sch., und auch ohne Geld saß man im Selbstbedienungs-Restaurant und unterhielt sich, oder besser man ließ sich von Frau Sch. unterhalten. Sie erzählte von früher, und immer fiel ihr eine Anekdote ein. Auch wir gingen ins Kaffeehaus, und da ich sah, wie wichtig ihr diese Besuche waren, sie aber nie Geld hatte, lud ich sie anfangs ein. Diese Gepflogenheit blieb auch, als es ihr später dank eines Zuschusses besser ging. Sie hatte sich daran gewöhnt und wäre nie auf eine andere Idee gekommen.

Nun, man hatte auch ein Telefon und zahlte hohe Rechnungen. Daß das nicht mit rechten Dingen zugehen konnte, war klar. Daß sie selbst stundenlang telefonierte, hatte sie vergessen. Wie er es anstellte, in ihre Wohnung zu kommen, war ihr noch nicht klar, aber erstens würde sie ihn schon noch einmal überlisten und zweitens wäre das nicht so wichtig. Fest stünde, daß der Doktor M. in ihre Wohnung käme und telefoniere. Das wären keine Guten, da half kein Zu- oder Abreden. Als ich das nächste Mal kam, hatte sie alle Teppiche weggeräumt. Die Teppiche hätte sie früher selbst geknüpft und sie wäre nicht so dumm und würde sie so ohne weiteres diesen Leuten überlassen, die in ihrer Wohnung aus- und eingingen und telefonierten und wer weiß was noch trieben.

Ich hatte die Familie M. noch nie gesehen. Im Stiegenhaus trafen wir eine Frau, die Frau Sch. überschwenglich begrüßte, sie erkundigte sich nach der Gesundheit, Familie etc., als wären beide bestens befreundet. Sie wünschte ihr alles erdenklich Gute und erklärte mir danach, daß dies die Frau M. gewesen wäre. Ich mußte schmunzeln.

Frau Sch. war schon längst aus meiner Betreuung entlassen, aber sie rief häufig an, und ab und zu trafen wir uns auf einen Kaffee. Als sie sich jedoch einmal länger nicht meldete, ging ich zu ihr. Klopfen und Rufen waren erfolglos, obwohl die Wohnung von innen versperrt war. Auch die Nachbarn hatten sie schon länger nicht gesehen. Nun lag die Wohnung zur Straße hin, und dort war ein Fenster offen. Unter zahlreichen neugierigen Augen stieg ein Feuerwehrmann durchs Fenster. Im Zimmer lag Frau Sch. im Bett und sagte: »Junger Mann, ich muß mich schon sehr wundern, warum benutzen Sie eigentlich nicht die Türe?« Auf die Frage, ob es ihr gut gehen würde und ob sie aufstehen könnte, erhob sie sich und fragte den verdutzten Mann: »Soll ich ihnen vielleicht einen Boogie vortanzen?« Sie hatte uns zwar gehört, aber sich nicht wohl gefühlt und deshalb nicht geöffnet. Aber den ganzen Wirbel konnte ihr nur die Schwägerin eingebrockt haben. Wer wußte, was die wieder ausheckte. Als sie erfuhr, daß ich Schuld hatte, änderte sie ihre Meinung und meinte, daß wäre natürlich etwas anderes und wäre ganz in Ordnung, aber die anderen seien keine Guten.

Dann kam die liebe Frau Sch. nach erfolgloser ambulanter Behandlung ihres Magengeschwürs ins Spital.

Doch es nützte alles nichts. Sie starb.«

Wir können sagen, obwohl die Paranoia eine ernst zu nehmende Erkrankung ist und sie im Augenblick auch Profis verunsichern kann, ist sie doch durch die besprochenen Pflegemaßnahmen gut beherrschbar. Die meisten unserer Patienten kommen ohne Psychopharmaka aus (diese können ja auch zusätzliche Verwirrtheitszustände hervorrufen).

Wir lehren den Menschen, daß er mit seinem Leiden leben kann, in etwa, wie die Beschäftigungstherapeutin ihren Beinamputierten das Leben mit seinem Leiden lehrt.

Fallbeispiel

Aufnahme der Klientin wegen paranoider Dekompensation im Senium.

Erster Kontakt mit der Patientin auf der Abteilung, sie machte einen stark verwirrten Eindruck. Geordnetes Gespräch war nicht möglich. Somatisch ohne Befund.

Zweiter Versuch, heute war die Patientin zeitlich und zur Person überraschend gut orientiert, leicht depressiv verstimmt, paranoide Ideen im Vordergrund, es wird ein Ausgang besprochen.

Ausgang in ihre Wohnung: In dieser fand sich die Klientin relativ gut zurecht, nicht in der Umgebung der Wohnung. Die Wohnung war stark verrümpelt. Es traten bei der Patientin massive paranoide Ideen gegen die Wohnungsnachbarin auf. Diese würde ihr die guten Sachen stehlen und defekte Kleider etc. in die Wohnung stellen. Außerdem würde sie ihren Unrat in die Wohnung der Patientin kehren. Wohnungssanierung mit der Klientin, dabei wurden verschiedene, verloren geglaubte Sachen aufgefunden. Die Klientin begann zu zweifeln und glaubte, aufgrund unserer Anwesenheit hätte die Nachbarin Angst bekommen und das Diebsgut wieder zurückgebracht, jedoch versteckt, so daß es aussehen würde, als ob sie, die Klientin, es vergessen hätte, aber die Nachbarin wäre schon eine böse Frau.

Nach mehreren milieutherapeutischen Ausgängen trat die paranoide Komponente in den Hintergrund. Die Klientin sprach nicht mehr davon, die Wohnung wurde nach jedem Ausgang sauberer, die Klientin begann nach Hause zu drängen. Die Nachbarin würde ihr schon nichts mehr wegnehmen, es würde eine Betreuungsperson kommen.

Die Klientin wurde aus dem Krankenhaus entlassen. Eine Heimhilfe wurde eingestellt, die die Klientin täglich zwei Stunden betreute, Essen auf Rädern wurde für den Anfang angenommen. Dann wurden mehr Ausgänge in die Umgebung der Wohnung unternommen. Die Klientin erhielt vom behandelnden Arzt eine Infusionstherapie. Nach einer Woche fand die Klientin zu ihrem praktischen Arzt, der einige Straßen weiter wohnt. Medizinische Therapie während der Behandlung:
Täglich eine Tablette Lanitop
Dreimal 25 Milligramm Melleril
Bei Bedarf 40 Milligramm Dominal.

Umgang mit verwahrlosten Patienten
Störung durch Mangel an Gefühlszuwendung

Verwahrlosungstendenzen durch psychische Unterversorgung

Wenn ich keine Menschen um mich versammeln kann, sammle ich altes Zeug – es ist genausoviel wert, es ist mein Eigentum...

Viele Menschen leben introvertiert, sind durch ihre Anschlußangst ein ganzes Leben lang alleine, sie verkriechen sich hinter einer Fassade, ich brauche keinen, ich bin mein eigener Herr, sie sammeln nie Zuneigung, Anerkennung, Freundschaft zu anderen menschlichen Lebewesen, vielleicht noch zu Tieren, aber auch das nur in Ausnahmefällen. Einige Autoren und Psychologen meinen, daß dies Menschen sind, die sich ihren psychotischen Zustand selbst erzeugen, also eigentlich an ihrer Vereinsamung selbst schuld sind. Es sind Menschen mit einer besonderen Angst vor Menschen, vorm Fremden, deshalb sammeln sie Bekanntes, von alten Zeitungen bis zum eigenen Stuhl – sie sammeln Unrat und nutzloses Zeug als Ersatz für die verlorengegangenen oder nie vorhandenen Freunde. Sie sammeln sogar an ihrem eigenen Körper – die Fingernägel, die Zehennägel, sie verkommen, sie können ihren eigenen Körper nicht schonen, nicht pflegen, wie sollen sie dann ihre Wohnung pflegen, in Ordnung halten können? Der Mensch ist trotzdem alleine, er ist psychisch unterversorgt, er ist hygienisch unterversorgt. Die Tiefenpsychologie meint zu dieser Thematik, daß die Verwahrlosung – in der Symbolsprache »um mich kümmert sich keiner« – ein Notschrei eines Vereinsamten sei. Wenn dies stimmt, so ist die Therapie gegeben: vermehrte Zuwendung, langsam einschleichend.

Aber plötzlich fühlen sich die Nachbarn, die Behörden oder sonstige Institutionen veranlaßt, Schritte zu unternehmen, Schritte gegen die Verwahrlosung, gegen den Geruch aus der Wohnung, gegen das vielleicht vermutete Ungeziefer – die Behörde schreitet ein, der Patient wird zwangseingewiesen, die Wohnung desinfiziert. Sollte eine Entrümpelungsfirma zwangsweise die Wohnung sanieren, kommen große Container, mehrere Leute und werfen das Leben des Patienten in den Abfalleimer – die Wohnung ist wieder rein, der Patient versorgt – im wahrsten Sinne des Wortes.

Wohnungssanierungen

Aber auch diplomierte Pflegepersonen können Wohnungssanierungen durchführen! Es ist ein Teil der therapeutischen pflegerischen Maßnahmen: »Reden ist gut – arbeiten besser.« Daher langsames, behutsames Einschleichen, vermehrten Kontakt anstrengen. Auf der Basis eines guten Kontaktes kann man den Klienten langsam animieren, in seiner Wohnung selbständig tätig zu werden. Es funktioniert meistens, denn für den Klienten ist seine Wohnung sein Eigentum. Das Eigentumsdenken eines Menschen wird angeregt, forciert. Er hat sich doch seine Wohnung sehr schwer erarbeiten müssen, seine vier Wände sind ihm heilig. Man sollte einen Tagesfahrplan, einen Monatsfahrplan erstellen, Ziele setzen (nächste Woche sanieren wir das Kabinett – ich helfe Ihnen – was sagen Sie dazu, später werden Sie wahrscheinlich Vorhänge benötigen). Die Klienten selbst müssen bestimmen, was und wie etwas in ihrer Wohnung zu geschehen hat, ansonsten fühlen sie sich uns ausgeliefert, werden unkooperativ und stur. Man soll als Betreuer nicht dominieren, der Klient soll bestimmen, was zu geschehen hat, sie geben ihm nur feedbacks.

Prinzipiell kann man sagen, die Wohnung und Wohnungseinrichtung (auch Mist) gehören dem Patienten, es ist sein Leben, es sind seine biographischen Errungenschaften – ich weiß als Fremder nicht, was besondere Bedeutung für ihn hat, also kann nur er selbst seine Wohnung sanieren.

- Wir können ihm helfen – der Klient soll aber immer den Eindruck haben, er bestimmt, was weggeschmissen wird und was nicht.

- Daher: Jede Wohnungssanierung muß mit dem Klienten und durch ihn erfolgen. Bei sehr verunreinigten, voll angefüllten Wohnungen bitten wir, mit Zustimmung des Wohnungsbesitzers, andere Patienten (zum Beispiel Alkoholiker, Psychopathen) um Hilfe, quasi als extramurale Arbeitstherapie.

- Wohnungssanierungen, die durch diplomiertes Pflegepersonal erfolgen, benötigen einen minimalen Zeitaufwand bei einem Maximum an patienten-orientierter Tätigkeit.

- Die Sanierung der Wohnung ist das beste Realisationstraining für die Klienten, das man sich vorstellen kann. Sie gewinnen wieder einen vollen Bezug zu ihren vertrauten Gegenständen, zu ihrem Altgedächtnis, sie finden Sachen, die immer wieder als Feedback und Training zu verwenden sind.

- Mit Wohnungsverbesserungsvorschlägen hat man für den Klienten auch ein Lebensziel, ein Zeitziel gefunden, das neue Lebenskraft weckt.

- Auch das Ausmalen, Tapezieren etc. mit dem Klienten ist eines der besten Leistungstrainings, das es gibt. Alle Klienten, die eine verwahrloste Wohnung hatten und sie selbst mit unserem Zutun sanierten, sind heute alleinlebend am glücklichsten (Besuchsdienst). Hier war der intensivste Kontakt, das intensivste Vertrauen geschaffen worden. Der Pfleger, der den Stecker montierte, der Säcke voll Schmutz wegtrug, ist ernst zu nehmen, er versteht etwas vom Arbeiten, vom Zugreifen (wie der Patient früher).

Zur Grundfrage soll eine Wohnung steril oder gemütlich sein? Manche Betreuer notieren nur »ohne Befund«, wenn eine Wohnung steril und peinlichst genau in Ordnung ist. Sie fragen aber nicht den Patienten, ob er sich in einer 100 prozentig in Ordnung befindlichen Wohnung wohl fühlt. Für jeden Menschen gilt eine andere Ordnung. Ich darf als Betreuer meine Ordnung nicht dem Klienten aufzwingen – auch eine unordentliche Wohnung ist ein Nest, das der Mensch, heute Klient, vielleicht immer schon hatte (Nestprägung). Wer eine innere Ordnung hat, braucht vielleicht keine äußere?

Die Kooperation von Verwandten mit reintegrierenden Institutionen ist meist nicht besonders. Wieviele Möglichkeiten, Ausreden, Begründungen gibt es, daß Klienten eigentlich besser in einer Anstalt untergebracht sind und bleiben. »Besser die Mutter bleibt im Heim, da stürzt sie nicht« oder: da ist immer ein Arzt, da hat sie ihr warmes Essen etc. Gegen diese Argumente kommen wir verbal gesehen nur schwer und juristisch betrachtet gar nicht an. Aber vielleicht hatten auch die Verwandten nie einen guten Bezug zu ihrer Mutter, ihrem Vater, vielleicht war das Verhältnis immer gestört und man ist eigentlich froh, daß ihre Eltern in einer Anstalt sind? Wenn aber fremde Personen (Pflegepersonen) ohne Hilfe der Verwandten die Wohnung sanieren, so kommt ein Konkurrenzdenken der Angehörigen auf – sie sind plötzlich kooperativ, scheinen sich mit den Rehabilitationsbemühungen voll zu identifizieren und helfen spätestens nach ein paar Tagen selbst mit, ihre eigenen Verwandten zu reintegrieren.

Fallbeispiel

Das Versagen eines Herzschrittmachers führte bei Frau A. auch zum Versagen ihrer Hirnfunktionen. Frau A. zündete in einem akuten Verwirrtheitszustand ihr Nachtkästchen statt ihres Allesbrenners an. Die Wohnung brannte fast vollkommen ab. Frau A. wurde mit akuter cerebraler Dekompensation zur Aufnahme gebracht. Sie war alleinstehend, ein Renten- oder Pensionsanspruch bestand nicht, sie vergaß auch, diesen einzureichen. Mittellos, wohnungslos, ratlos stand unsere Patientin dieser Situation gegenüber. Nach einer durchgeführten cardialen Therapie konnten wir Frau A. animieren, mit uns ihre Wohnung zu restaurieren. Frau A. half mit ihren 85 Jahren lebhaft und mit Ausdauer, ihre Wohnung neu herzurichten (Lebenstrieb geweckt). Sie fühlte sich nicht überfordert, schaffte mit uns an – ein Stufenplan der Adaptierung wurde erarbeitet und durchgeführt. Zwei gerade auf der Abteilung befindliche Alkoholiker unterstützten uns bei der Tätigkeit, die Patientin zu reintegrieren.

Eine neue Form, nämlich die extramurale Arbeitstherapie wurde geboren. Seither nehmen wir bei Wohnungssanierungsarbeiten sehr gerne Alkoholiker, Schizophrene, Psychòpathen mit. Sie leisten diese Arbeit gerne, fühlen sich dabei wohl, arbeiten brav und zuverlässig. Eine ständige Steigerung ihrer Belastbarkeit ist möglich. Als verhaltenstherapeutische Maßnahme konnte gesetzt werden: Die senile Klientin bekommt nichts umsonst und bezahlt kleine Beträge an die mitarbeitenden Patienten.

Da auf der Abteilung ein großes Potential an Handwerkern der verschiedenen Branchen vorhanden ist, kann man die jeweils zu gebrauchenden Professionisten wählen – eine Wohnungssanierung dauert daher nie lange, die Klienten können rasch in ihr wieder installiertes Nest.

Fallbeispiel

82jährige Patientin, die wegen sanitärem Übelstand beziehungsweise Verrümpelung ihrer Wohnung, persönlicher Verwahrlosung bei Arterieller Demenz, Parkinson-Syndrom zwangseingewiesen wurde.

Die Patientin war gut orientiert, zeigte trotz ihres hohen Alters gute intellektuelle Leistungen, war gut kontaktfähig, wirkte kooperativ. Sie erzählte, daß sie wegen ihrer Amobilität (Parkinson) ihre Wohnung nicht hätte ausreichend versorgen können. Dabei wirkte sie etwas kritiklos. Außerdem würde sich die Nachbarin, die zwar auch schon sehr alt wäre, um ihre Wohnung bemühen. Sie, die Nachbarin, hätte daher Anzeige erstattet. Die Patientin erzählte weiter, daß sie ein Altersheim gründen wolle und daher alles, was dafür an Mobiliar notwendig wäre, zusammensammle beziehungsweise auch kaufe.

Die Wohnung der Patientin bestand aus vier Zimmern, sie war fast nicht zu betreten. Überall standen Möbel herum, teilweise transportfertig verpackt. Das Mobiliar war fast durchweg defekt, so hatten Sessel meist nur zwei Beine, Tische ebenso. An Kästen und Kommoden fehlten Türen beziehungsweise Laden und so weiter. Eine Stehleiter, die in einem der Räume stand, diente als Sägebock. Die Patientin erzählte, daß sie darauf ihr Brennmaterial für den Winter selbst schneiden würde. Sie verwendete dafür Kastentüren etc. Wo sich die Patientin in der Wohnung aufgehalten hatte, beziehungsweise wo sie schlief, konnte nicht eruiert werden.

Nach mehreren milieutherapeutischen Gesprächen sah die Klientin ein, daß aufgrund ihres hohen Alters ein derartiges Vorhaben (Altersheimgründung) nicht mehr zu realisieren sei. Sie stimmte einer Entrümpelung beziehungsweise Sanierung der Wohnung zu. Dabei wurden Klaviere, Hammondorgeln, auf denen die Patientin trotz Parkinsonismus spielte, gefunden, ein Paar neue Rollschuhe ebenfalls. Diese wollte sie selbst verwenden, sie meinte, damit würde sie sich besser fortbewegen können, zittern würde sie ohnehin zur Fortbewegung. Bei einem Bankbesuch kam zutage, daß die Klientin, die trotz ihres hohen Alters mit Aktien spekulierte, ein ansehnliches Vermögen besaß.

Die Wohnung wurde mit der Klientin langsam entrümpelt und saniert. Leicht zu handhabende Öfen wurden aufgestellt. Eine Heimhilfe, die täglich eine Stunde kam, wurde eingesetzt. Nach circa einem Monat konnte die Klientin in Eigenverantwortung überlassen werden. Therapie während der Übergangspflege: Anti-Parkinsonmittel, Herzstütze.

Ich-Abschwächung im Alter

Gerade der alte Mensch, und besonders wenn er unter einer organischen Hirninsuffizenz leidet, verliert mit zunehmendem Abbau sein Selbstbewußtsein, seine Selbstbestätigung und seine Selbstsicherheit (was ist primär, die Gehstörung oder die Psyche?).

Er neigt zusätzlich dazu, leicht gekränkt zu sein und ist überempfindlich gegen die Belächelung seines Zustandes. Er will und hat es so gelernt, daß man das Alter achtet, daß man seine Erfahrungen ehrt, aber tun wir das? Er zeichnet sich durch Abnahme der Gefühlsintensität und eine wachsende Verinnerlichung aus. Vor allem die Angst, inneren Gefahren, wie Krankheit und Tod, allein gegenüberzustehen und eine paranoide Angst vor anderen Folgen verstärken den Ich-Zerfall.

Auch das Endgültigkeitsproblem der Menschen, der Tod verstärkt den Verfall. Manchmal tauchen immer wieder bestehende kompensierte Neurosen, Psychosen durch die Altersregression erst auf und werden durch den Wegfall der Über-Ich-Bremse aktiv. Auch dürfen wir nicht vergessen, daß Patienten einen zunehmenden Kontaktverlust eher anstreben, eher forcieren werden (sie wollen nichts mehr hören und drehen ihren Hörapparat ab, wenn sie sich im Rückzug befinden). Sie wollen sich von der Welt absetzen, sie wollen sich zurückziehen, sie lernen zu sterben, sie lernen sich zu vereinsamen. Enttäuschen Sie daher bei geriatrischen Patienten nie das Ehrgefühl, die persönlichen Ansprüche auf Anerkennung, Geltung und Respekt. Diese Zuwendung werden Ihnen viele Patienten mit einer ganz ungewöhnlichen Dankbarkeit für die akzeptierende, warme Zuwendung, die den Boden für spätere Verhaltensänderungen bereitet, lohnen. Wenn es uns durch Zuwendung gelingt, daß sie ihr Kompensationsgleichgewicht wiederfinden, ist unsere Aufgabe erfüllt – Alterspflege wird zu einer der schönsten und befriedigensten Tätigkeiten der Krankenpflege schlechthin.

Fallbeispiel

Herr L., 70 Jahre alt, mit der klinischen Diagnose Morbus Bleuler, senile Demenz-psychischer Hospitalismus und senilem Morbus Parkinson mit einer Spitalsgesamtaufenthaltszeit von 20 Jahren. Nach 15 Jahren Psychiatrie kommt der Patient auf meine Station.

Mea Culpa, Mea Culpa, Mea Culpa

Meine Schuld, daß ein Patient fünf Jahre zu lange in einer geschlossenen Anstalt bleiben mußte, meine Schuld, daß meine Zivilvourage erst fünf Jahre später einsetzte, meine Schuld, daß ich in Herrn L. keine Emotionen weckte, meine Schuld, daß ich ihn nicht aus seiner Lethargie riß, daß ich seine Wünsche nicht kannte, Restanimationen nicht durchführte – ich war nur ein freundlicher, ein dienstbeflissener (es ging ihm stationär nichts ab), ein angeblich guter, netter Pfleger! Pfleger im wahrsten Sinne des Wortes: ein Patienten-zu-Tode-Pfleger, ein Patienten-hospitalisierender-Pfleger, ein Regressionspfleger.

Plötzlich 1979, mein Normaldienst war zu Ende, ich hatte nun Zivilcourage genug, um Herrn L. vieles zu erlauben, vieles, das gegen die Dienstordnung verstieß. Ich gestattete ihm plötzlich, in der Teeküche der Station seinen Mittags- und Abendtisch nach seinem Gutdünken zu verbessern. Er stellte sich dabei so geschickt an, daß andere Patienten Spontanaufträge an Herrn L. hatten. Er kochte somit schon für mehrere. Außerdem gestattete ich ihm Ausgänge, zuerst in Begleitung, denn er hatte ja seit 20 Jahren keine Straße, kein Auto, keine zivilangezogenen Menschen mehr gesehen, dann, etwas später, alleine. Er wurde Einkäufer für andere, er brachte Wäsche mit, Kleidung, er erfüllte Aufträge für andere Patienten, er war der Hilfspfleger für die Station geworden. Die von den Ärzten und anderen konservativen Pflegepersonen gepredigte Katastrophe blieb aus. Er blieb am Leben, baute sich selbst auf – wir ließen ihm Ruhe zu seiner Genesung und einen Platz in unserem Hospital, der blieb ihm einstweilen als Zufluchtsort erhalten.

Unsere Gespräche wurden immer freundschaftlicher, ich erfuhr – und das, nachdem ich ihn schon fünf Jahre kannte –, daß sein Traum immer schon das Geigenspiel gewesen war. Darum organisierten wir eine Sammlung, besorgten eine Geige und siehe da, ein Patient mit ausgiebigem Parkinsonismus spielte recht und schlecht Geige, ohne Substitutionstherapie (L Dopa etc.) wurde der Parkinsonismus wesentlich gebessert. Ein Mensch konnte nach zwei Monaten intensivster Zuwendung entlassen werden und ist heute geheilt. Er kommt noch jährlich zur Weihnachtsfeier auf die Station, zum Geigenspiel, zur Verschönerung des Festes und als Hoffnung für die anderen Patienten.

Herr L., der erste Patient, der durch unser Nichtstun, durch »Helfen mit der Hand in der Hosentasche« geheilt wurde, lebt seit nunmehr drei Jahren selbständig, für sich sorgend, allein ohne Isolierung in seiner

Wohnung. Die Feedbacks zum Aufbau der Übergangspflege waren geschaffen.

Somit kann man oberflächlich den Schluß ziehen, das Anstaltshospitalismus und Regression iatrogene und pflegeraktive Erkrankungen sind. Hospitalismus- und regressionsverhindernde Maßnahmen müssen schon bei der Aufnahme auf der Station einsetzen. Dazu bedarf es keine komplizierten wissenschaftlichen Thesen, sondern nur den Lehrsatz »Laß den Menschen Zeit sich zu gesunden – hilf mit der Hand in der Hosentasche.«

Als aktive Hilfen, das Selbstwertgefühl unserer Klienten wieder aufzubauen, möchte ich hier nur das Pflegeschema der Pflegediagnose und das daraus erfolgende Impulsprogramm erwähnen (siehe BÖHM 1991).

Identifizierungsbedürfnisse der Patienten

Ein auffallendes Problem in der Praxis stellen die starken Identifizierungsbedürfnisse von hochbetagten Patienten dar. Meist in der Art, daß sie sich unterwürfig einem Arzt oder Pfleger nähern, in der Hoffnung, dadurch Hilfe und Zuwendung zu bekommen (sie betteln um Liebe). Das Identifizierungsbedürfnis bei Hochbetagten ist eine Erscheinung, die in der Fachliteratur vielfach als ein Sonderphänomen beschrieben wird. Es ist dabei gar nicht so leicht zu unterscheiden, ob bei dieser älteren Generation eine erziehungsbedingte stärkere Autoritätsbereitschaft vorherrscht oder ob es zu dieser Art der Regression in ein kindliches Stadium aufgrund des Alters und der zunehmenden Abhängigkeit in verschiedenen Situationen kommt. Wer sich mit starker Sympathie, Zuneigung und Bewunderung (also in gewisser Weise Identifizierung) einer Pflegerin oder einem Pfleger zuwendet, schafft natürlich eine Menge von Problemen. (Pflegepersonen freuen sich meist darüber, ich bin der liebste Pfleger, mich lieben alle!!!) Wer sich aber unterwirft, läuft Gefahr, noch stärker unterworfen zu werden. Solche Verhaltensvorgänge können einen Schritt in die Regression, in den psychischen Hospitalismus bedeuten, der aber mit allen Mitteln innerhalb und außerhalb der Anstalt zu verhindern ist.

Die Vereinsamung – Isolation

Wo man es benötigt, wirft man das Schlagwort Isolation oder Vereinsamung in den Raum und verunsichert verschiedene Betreuer, und zwar intra- und extramurale, als wenn unsere Patienten in der Anstalt nicht isoliert und vereinsamt wären. Ist es nicht gleich, ob ein Mensch zu Hause in seiner Wohnung oder in einem Tagesraum unter vielen vereinsamt erscheint oder ist? Unsere im Tagesraum sitzenden, somnolenten oder scheinfreundlichen Patienten sind doch genauso vereinsamt – auch sie sind Rehabilitationsleichen.

Ich glaube, daß ein Aufenthaltsraum, in dem kein Lärm, kein Streit (auch Streit und Lärm ist Leben), kein Schmutz ist, ein Zeichen für eine schlecht geführte Station ist, eine Station, die sich Rehabilitationsleichen züchtet. Diese Station muß nie neue Patienten aufnehmen, es ist ruhig bei ihnen, die Betten sind belegt, es passiert nichts, es tut sich nichts. Es sind aber, wenn man genau hinschaut, in sich zurückgezogene, introvertierte Menschen, die maximal bei einem Anlaß (das Essen kommt) kurze Schemagespräche ohne echten Kontakt führen, sie sind allein in einer großen Gruppe. Das heißt doch, daß allein sein nicht gleichzusetzen ist mit Vereinsamung und daß Kommunikationsförderung auf den Stationen möglicherweise viel wichtiger ist. Es hilft aber nichts, einige, die gerade können, zu beschäftigen, die anderen nicht – lassen Sie die Leute streiten, Schmutz machen, bewegen, rumoren. Macht keinen ruhigen Kindergarten für Alte, in dem nichts passiert, vigilanzsteigernde Prozesse sind indiziert.

Aber nicht die komplette Schuld trifft uns. Desinteresse am anderen, Kommunikationsstörungen und das In-Sich-Verkriechen beginnt doch schon beim Normalen. Schau in eine Straßenbahn – jeder sitzt für sich alleine, verkriecht sich hinter seiner Zeitung, will den anderen nicht sehen, will nicht reden, will und kann nicht kommunizieren. Schau am Arbeitsplatz – er arbeitet im Akkord, schaut nur auf seine Maschine, schaut daß er viel verdient, hat keine Zeit zu kommunizieren, verlernt das Reden mit anderen. Schau auf die Hausfrau – sie verkriecht sich den ganzen Tag in ihrer Küche, der Tratsch beim Einkauf fällt aus durch den Supermarkt, der Treppenhaustratsch wurde durch isolierte Wohnungen eingestellt. Oder schau gar auf die neuen, sich von der Umwelt abkapselnden Walkman-Benützer (Cassettenhörer) auf der Straße.

Sind wir nicht an unserer Anonymisierung, an unserer Inaktivitätspsychose selbst schuld? Das heißt, auch in der Straßenbahn genauso wie im Tagesraum, mangelt es an den Hypomanikern, an den extrovertierten Mitreißern, an den Informationspflegern, am einfachen »Kinder, wir leben«.

Die Aufnahme in ein Altersheim oder eine psychische Institution führt zur Ausgliederung aus der Gesellschaft. Es führt dies:
zum allmählichen (schnelleren) Verlust der bisherigen Gewohnheiten,

zur körperlichen Verwahrlosung,
zur Trennung von persönlichem Eigentum,
zur Einschränkung der Kommunikationsmöglichkeiten,
zu Störungen der Identität (die immer Besuch bekommt, die da vorne
im Rollstuhl),
zum Degradierungsprozeß: Pfleger um Feuer bitten zu müssen, um Toilettenpapier bitten zu müssen, um ein Telefonat ersuchen zu müssen.

Das wesentlichste bei der Aufnahme in eine totale Institution ist daher
auch, die verwahrende Pflege, im Sinne der hier beschriebenen aktivierenden-therapeutischen Pflege umzuwandeln. Parallel dazu muß man den
Patienten schon bei der Aufnahme über die pflegerischen und rehabilitativen Maßnahmen informieren und ihm auch seine persönlichen Gegenstände lassen, um einem Verwahrt-bis-Ende-Trauma vorzubeugen. Auch
sollte man (das wurde schon erwähnt) die Verwirrten nicht durch die Verwirrten verwirren. Die Aufnahme von fehlinternierten Patienten (Pflegefälle – Asylierungsfälle) ist zu vermeiden. Hier liegt es an den Alten, auch
ihre Rehabilitationsbemühungen, die im Spital beginnen, (im Sinne der
Übergangspflege) weiter zu forcieren.

Daher: die Pflegerolle ist out, die Animation ist in

Wir haben schon des öfteren erwähnt, daß Pflegepersonen dazu erzogen
und geschult wurden, schwerpunktmäßig auf somatische und pflegerische
Maßnahmen zu achten, daß sie geprägt wurden, die Krankenrolle des Patienten zu akzeptieren, ihn also niederlegen und betreuen, bis er sich selbst
erholt und, wenn er genug Eigenwillen hat, auch wieder einmal von seinem Krankenlager aufsteht. Uns ist die sogenannte böse, grantige Chirurgieschwester eher das Vorbild eines guten Reanimateurs, eines guten Aktivschleppers. Sie schmeißt ihren chirurgischen Fall mit grantigem Ton am
vierten Tag nach der Operation aus dem Bett »stehens auf, sonst kriegens
Thrombosen«. Der Patient muß seine Krankenrolle aufgeben, so schnell
es geht. Er wird animiert, auch wenn er nachher sagt, das Spital, die
Schwester war böse und hat mich leiden lassen, man hat mich schon am
vierten Tag aus dem Bett geschmissen.
  Wir Psychiatriegeprägten lassen hingegen, human wie wir sind, unseren
Patienten im Bett alleine leiden, so lange er will, so lange er es selbst aushält, liegen zu bleiben. Aber: Raus aus dem Bett – aktivschleppen – animieren – ist die Devise. Unsere Patienten (auch die auf der Chirurgie)

fühlen sich uns sowieso ausgeliefert und akzeptieren ihre Macht- und Hilflosigkeit. Also erstellen wir individuelle Übungsprogramme gegen diesen Zustand. Emanzipation – wieder alleine leben können, soll das Endziel eines Psychiatrieaufenthaltes (als Gast) sein – wir müssen daher den Patienten motivieren beziehungsweise remotivieren. Ich gebe allerdings zu, daß dies unsere schwierigste Aufgabe ist.

Motivationsversuche

Das Eigentumsdenken des Patienten benutzen, jeder Patient hängt an seinem Eigentum, an seiner Wohnung. »Schauen wir, wie es in Ihrer Wohnung ausschaut, damit nichts kaputt geht. Wie stellen Sie sich Ihren ersten Ausgang vor? Glauben Sie, es läuft bei Ihnen zu Hause noch der Eiskasten?« Diese oder ähnliche Feedbacks führen meist dazu, daß der Patient zum Schutz seines Eigentums einem Erstausgang zustimmt, der Weg in die Freiheit ist geebnet.

Beachten Sie auch wieder die Biographie unseres Probanden, besonders die Sprache und Sprachart. Gehen Sie darauf ein, wenn es sich um derbe lebensnahe Volkssprache handelt. Auch er muß uns verstehen, er muß verstehen, was wir von ihm wollen. Bei der Motivierung soll die Betreuungsperson aber nicht dominieren, denn ein überprotektives Verhalten kennt unser Patient meist schon von seiner Mutter, seinem Vater, seiner Gattin. Er selbst soll entscheiden, er selbst soll uns sagen, wie er sich sein weiteres Leben, seinen Hausbesuch vorstellt, was er sich noch zutraut.

Wir können auch seine Nächstenliebe animieren, so daß unser Patient versucht, den krankeren Patienten zu helfen, dann hat er wieder Kompetenz, ein Coping. Warum füttert nicht unser Patient die noch Hilfsbedürftigeren, warum lassen wir ihn nur Blumen gießen? Er speist seinen Nachbarn sicher besser aus als wir (Bolustod keine Gefahr), er hat sicher mehr Zeit als wir.

Auch der Arzt muß unseren Patienten animieren, wieder Leben in sich hineinzupumpen, sich nicht gehen zu lassen. Die heute ältere Generation hört auf den großen heiligen Arzt und nicht auf uns, wir sind ja auch kleine, nicht studierte Schlucker.

Restanimationen sind zu wecken, Kompetenzen zu erhalten. Dies alles soll aber beim Geronto-Patienten (auch beim schizophrenen) langsam und behutsam vor sich gehen und sich nach dem Lehrsatz »Nicht unterfordern, nicht überfordern« richten. Auch beim Animieren steht im Vordergrund das Helfen mit der »Hand in der Hosentasche«, das uns persönlich mehr verunsichert als den Patienten. Ich weiß aus eigener Erfahrung, wie schwer es ist, mehr zu sprechen als zu handeln und dabei den Patienten alles selbst machen zu lassen. Trotzdem dürfen wir nicht vergessen, daß der Patient später sein Bett selber machen, seine Haushaltsführung selbst wieder erlernen und erhalten muß und nicht wir. Denken wir also daran, wie es unserem Patienten nach seiner Entlassung geht. Du verziehst ja hoffentlich das Kleinkind auch nicht, sondern lehrst es Sprechen.

Gib dem Patienten in der ersten Zeit nur Aufgaben, die er tatsächlich erfüllen kann, so daß er ein Erfolgserlebnis hat. Warum schickt ihr nicht euren Patienten zum Frühstückskaffee auf die Station einen Stock tiefer? Damit lernt er gehen, ist beschäftigt. Das fördert den Schlaf und baut gleichzeitig Aggressionen durch motorische Abreaktionen ab.

Patienten mit hirnorganischer Insuffizienz sind sofort bei der Aufnahme zu kontaktieren, zu animieren und zu orientieren. Ein sofort eingesetzter Informationspfleger hat die Aufgabe, die Orientierung und den Kontakt herzustellen und aufrecht zu erhalten.

Fallbeispiel

Es hilft – man weiß nicht wie?
    Oder hilft die Ich-Stärkung gegen neurologische Störungen?

Anamnese der Patientin C., 65 Jahre: Beginn der Erkrankung 1979 mit Zittern der Beine, Gangstörungen, ataktischem Gang. Die Symptomatik nahm durch den plötzlichen Tod des Gatten akut zu, so daß sich die Patientin in Behandlung auf eine neurologische Station begab. Durch die hohe therapeutische Versorgung wurde der Zustand der Patientin besser, sie konnte mit der Diagnose Wernicke Encephalopathie nach Hause entlassen werden.

Übernahmebefund: Da die Klientin in der Wohnung durch ihre extrapyramidalen Störungen nicht mehr vom Sessel aufstehen konnte, sich schon gar nicht getraute, die Wohnung zu verlassen und psychisch etwas desorientiert und depressiv erschien, wurden wir ersucht, pflegerische präventive Maßnahmen in der Wohnung der Klientin durchzuführen.

Maßnahmen: Da die Patientin vorwiegend bei Belastung (wenn sie aufstehen, gehen sollte) ihre Symptomatik verstärkte, wurde zur Pflege ein Übergangsprogramm im Sinne der Ich-Stärkung der Gangsicherheitsempfindung durchgeführt.

Die täglichen Übungsprogramme mit leichter Massage führten zu einer akuten Besserung des Zustandes. Die ataktischen Störungen verschwanden plötzlich. Die Klientin war voll mobil und konnte sich selbst überlassen werden.

Auch bei diesem Fall stand im Vordergrund das Helfen mit der Hand in der Hosentasche. Die Bewegungsübungen wurden nicht durch aktive Tätigkeiten von mir unterstützt, sondern die Patientin lernte selbst das Gehen und die Handhabungen. Die Sicherheit ergab sich durch die Tatsache meiner Anwesenheit, nicht durch die Schutzengelfunktion, daß man genau hinter oder neben der Patientin geht, so daß sie nicht fallen kann. Es darf nichts passieren, es hilft aber auch nichts.

Nochmals einige wichtige Gedanken zur Animation im Wohnmilieu

In der Wohnung müssen die in der Anstalt begonnenen Re-animations- und Animationsprogramme fortgeführt werden. Am ehesten haben sich diesbezüglich Betreuungspersonen bewährt, die schon im Rahmen der institutionellen Versorgung den Patienten versorgten.

Im Wohnmilieu ist allerdings die Animation noch schwieriger als in der Anstalt. Hier im alten Terrain kommen subjektive Ich-zerstörende-Momente dazu und erschweren das Los des Alten. Zu erwähnen sind:

Die *Klischeevorstellungen* gegenüber den Alten, insbesondere gegenüber den Alten, die schon in einer Psychiatrie waren oder aus einer kommen (Jesas, der Narr ist schon wieder da!). Bei der Frage, na, hat er Ihnen schon etwas getan, gibt es meist eine Verneinung, aber man kennt das ja – Schlangengrubeneffekt.

Alte sind Wohlstandsmüll: Aber wir tabuisieren es alle. Die Frage ist natürlich, wer braucht sie wirklich, ja, solange sie noch wenigstens babysitten oder auf dem Feld Rüben ausreißen können, das ist was, aber wenn sie pflegebedürftig werden, sind sie einer Konsumgesellschaft im Wege. Es ist sicher eine zu verstehende Reaktion der noch Normalen, aber keine verständliche. Dies spüren auch unsere Alten, sie spüren, wenn sie im Weg sind, wenn sie nicht mehr gebraucht werden, wenn sie zur Belastung werden. Bei Profibetreuern fühlen sie sich nicht als Belastung, sondern sie fordern sogar vermehrte Zuwendung oder therapeutische Vigilanzsteigerung. Manchmal rufen mich Patienten um zwei Uhr nachts an, da sie eine Lampe zu wechseln hätten. Sie können ja nicht schlafen. Ich als ihr Betreuer muß das sofort erledigen. Auch hier hat eine sofortige Aufklärung, wer bin ich, was tue ich für sie und was tue ich nicht, stattzufinden. Manche Senioren werden sonst die Sozialschwester zur Putzfrau und Kammerzofe umfunktionieren und dies ohne Gewissensbisse oder Bedenken. Es ist diesbezüglich erforderlich, schon beim ersten Kontaktgespräch darauf aufmerksam zu machen, was wir tun und was nicht, um ein späteres Mißverständnis zu verhindern. Wehe der Schwester oder dem Pfleger, der sich durch seine eigenen neurotischen Züge aufopfernd vor seinen Klienten stellen will – dies rächt sich bitter. Er hat dann einen Menschen adoptiert, den er nie mehr los wird, von dem er immer wieder erpreßt wird. Dies geht sogar bis zu Hysterieanfällen, die den »Pfleger« natürlich zwingen, wiederzukommen. Es ist darauf hinzuweisen, daß unsere Klienten das Telefon entdecken und darum ein Schema für Anrufe vorzugeben ist.

Soziale Desintegriertheit: Natürlich gibt es unter unseren Patienten viele, die zwar nicht primär böse und alte grantige Leute waren, aber so reagieren, daß sie nicht beliebt sind. Hier handelt es sich um Alpha-Typen, die schon immer mit dem Hausmeister stritten und mit den Nachbarn zankten. Es ist auch daran zu denken, daß diese Familien nun möglicherweise froh sind – was sie natürlich nie zugeben würden –, daß diese nicht mehr umgänglichen Menschen endlich in der Psychiatrie landeten.

Ich möchte hier nicht näher auf die soziale Desintegriertheit durch die veränderten Strukturen beim Einkaufen, beim Basenklatsch, et cetera eingehen, sie sind hinlänglich bekannt und beschrieben. Im Sinne der milieutherapeutischen Maßnahmen ist aber auch hier aus dem Altgedächtnis, aus früheren Erlebnissen, aus früheren Hausgemeinschaften ein Ansatzpunkt möglich. »Ihr habt doch früher in schlechteren Zeiten zusammengehalten, was ist nun?« Hier ist manchmal auch das sinnvoll geführte Streitgespräch mit einer nachherigen Versöhnung indiziert.

Der veränderte Zeitbegriff: Beim 18jährigen spielt ein Tag, ein Jahr keine Rolle. Er hat ja noch so viel vor sich, er kann ja noch so viel ändern. Der 40jährige muß schon die Hälfte seines Lebens als unveränderbare Zeit ansehen. Sein Zeitbegriff wird schnellebiger, er muß und kann noch was planen. Für den 80jährigen wird jede Minute Leben kostbar. Sobald er wieder Herr seiner Lage ist, soll er über seinen Zeitablauf, seinen Tagesablauf bestimmen. Solange er in der Anstalt ist, wird sein Tagesablauf nur durch kurze Unterbrechungen wie Mittagessen, Visite, etc. unterbrochen. Zu Hause in seinem Milieu bestimmt aber wieder er sein Tages- und Wochenprogramm und wenn nicht, dann ist ein solches Programm für ihn zu erstellen: Tagesfahrpläne, Wochenfahrpläne und Langzeitprogramme haben sich zu etablieren. Es hat unsere und seine Überzeugung zu sein, daß wir ein Lebensmuster brauchen.

Verlust der Mindestgeborgenheit: Das Syndrom des leeren Nestes kann man durch eine Hebung des Selbstbewußtseins verbessern und den Patienten dadurch lebenswillig und lebensfähig erhalten. Auch hierbei bedienen wir uns der Grundhaltung: Den Patienten über seine Lebensanschauungen – Lebensphilosophie zu befragen, denn jedermann hat eine und wäre sie noch so mangelhaft. Weiter kritisieren Sie mit Nachsicht die falschen Ansichten, loben diejenigen, die Ihnen logisch und vernünftig erscheinen. Außerdem glaube ich, daß zur Stärkung des Lebenswillens, der Lebensfähigkeit die Bezugsperson als Mutmacher eine ungeheure Ausstrahlung besitzen muß.

Durch diese und verschiedene andere Maßnahmen kann es zu einer neuerlichen Rückzugsphase (auch manchmal spontan als Überforderung, siehe »Erster Ausgang«) kommen. Die Patienten reagieren mit vegetativen Erscheinungen wie: Tachycardie, Hyperventilation, Schwitzen, vermehrte Parkinsonsymptomatik, Kollapsneigungen, Gehstörungen, die sie ihrer Arthrose zuschreiben, oder auch wieder mit ihrer psychischen Symptomatik wie Introvertiertheit, Immobilität, psychomotorische Unruhe, Antriebslosigkeit, Mutlosigkeit, Gefühl der Bedrohung, transitorische ischämische Attacken, akute Verwirrtheits- und paranoide Exacerbationen.

Diese akuten Entgleisungen erfordern besonderes Feingefühl (nicht überfordern, nicht unterfordern), eine vermehrte zeitliche Zuwendung (Intensivförderungszeit). Überforderte Pfleger lassen die Patienten aus juristischen Gründen oder aus Eigenüberforderung sofort wieder ins Krankenhaus bringen. Diese Haltung wird nur durch Unsicherheit produziert. Der Mutmacher sollte solche Rückfallansätze der Patienten durch

- Verminderung der Angst
- Mindestschutz durch vermehrte Anwesenheit
- Hilfe bei der Daseinsbewältigung
- Steigerung der Selbstsicherheit
- Steigerung der Selbstachtung
- und als Wahlenkelkind

abwenden und durch Milieuintentionen, die juristischen und somatisch zu erwartenden Schwierigkeiten zu kompensieren versuchen. Es muß uns klar sein, daß der Hausnachbar, der Wohnungsnachbar, der Hausbesorger unsere Patienten versorgt und in der Wohnung behält oder nicht – nicht wir. Der motivierte Nachbar verständigt den Betreuer bei Schwierigkeiten (Sturz in der Wohnung, nächtliche Verwirrtheit etc). Er muß seinerseits wieder den Schutz, die Beratung, die Sicherheit durch unsere Anwesenheit (wenn Sie wollen Supervision – Praxisanleitung) erhalten, um selbst auch nicht überfordert zu werden. Aufbauende und lobende Worte tun auch den Nachbarn gut (Stabilisierung der Umgebung).

Bei regressiven Patienten soll man sich nicht scheuen, als Sozialschwester/Pfleger eine führende Elternrolle zu übernehmen. Für wesentlich jüngere Therapeuten ist aber wohl ein liebevoller Respekt sinnvoller.

Man darf nicht enttäuscht sein, wenn unsere Probanden in der ersten Zeit aus Kritiklosigkeit unsere Hilfe ablehnen beziehungsweise sich gegen Animationen stellen (sie wollen ja betreut werden). Information ist alles.

Erklären Sie dem Patienten:
Er soll kochen lernen – nicht wir.
Er soll bestimmen, was geschieht – nicht wir.
Er bestimmt bei Wohnungssanierung, was weggeschmissen wird.
Er muß seine Wohnungstür aufsperren, zusperren – nicht wir.
Er muß aufstehen lernen, wenn er gestürzt ist (lassen Sie sich zeigen, wie er vom Boden aufkommt).
Er muß telefonieren lernen – nicht wir.
Er muß »Essen auf Rädern« wärmen können.
Er bestimmt, ob er sein Essen von einem Wirt mag.
Er wird gefragt: »Wie werden Sie das regeln?«
Fallen Ihnen noch weitere Beispiele ein?

_____

_____

_____

_____

_____

Geben Sie dem Leben des Patienten neuerlichen Sinn.
Tageszeitpläne, Wochenzeitpläne, Integrierung in Vereine, helfen beim
Sozialkontakt zum Nachbarn und so weiter.

Auch Streitgespräche führen zur Aktivierung, besser Streit mit dem Betreuer mit nachheriger Versöhnung, als lebende Rehabilitationsleichen.

Die Pflegehilfen als Animateur: Sie sind doch kein Schutzengel

Auch die Pflegehilfen sollten für die Erhaltung der Kompetenzen (coping) des Patienten ausgebildet werden und später den emanzipierten Patienten wieder an sich selbst abgeben und nicht (weil sie besonders gut sind, selbständig sind) weiterbetreuen bis zur Verschlechterung. Sie könnten in der Folge auch jene Organe sein, die begonnene Intentionen im Milieu zum Nachbarn und zur Nachbarschaftshilfe forcieren und erweitern. Viele extramurale Betreuer beschreiten heute den vollkommen verkehrten Weg, sie sind nicht im Sinne der Emanzipierung, sondern der Hospitalisierung des Patienten tätig. Es wird viel Arbeit und Kraft kosten, solche reformierenden Gedankengänge in die geriatrische Versorgung einziehen zu lassen. Ansätze machen sich aber bei verschiedenen Organisationen breit.

Die durch die Übergangspflege versorgten Patienten werden einer nachgehenden Institution, Heimhilfe, Altenpflegerin etc. in der Wohnung des Patienten übergeben. Der Ausstieg des Übergangspflegers und der Einstieg der neuen Organisation benötigt Zeit. Plötzliche Veränderungen werden nicht gut vertragen. Zunächst übernehmen die Übergangsschwestern die Supervision der Pflegehelfer, wobei der Grundgedanke Verselbständigung nicht außer acht gelassen werden darf. Wir wollen hier nur Feedbacks über die möglichen geänderten Arbeitsmethoden erwähnen, sie sollen Anregungen und Anstöße für weitere Aktivitäten und Aktionen sein.

Nehmen den Klienten die Hausarbeit ab, sie versorgen den Haushalt, das einzige was zum Beispiel die Klienten ihr ganzes Leben aufrecht hielt. Ihr einziger Lebenssinn war die Versorgung der Familie (ich war eine gute Köchin, mein Haushalt war immer in Ordnung, meiner Familie ist nie etwas abgegangen, so schön wie ich können Sie meine Wohnung nie putzen, denn ich mache das anders).

Die Klienten zum Beispiel zu Hausarbeiten animieren, um ihnen ihr Selbstwertgefühl zu belassen – ich bin noch zu was fähig –.

Heimhilfe kocht manchmal Kleinigkeiten, besonders wenn sie gerne kocht. Sie nimmt der Klientin jede Chance, sich zu bestätigen.

Warum lassen sie sich nicht ein altes Rezept von ihren Klientinnen erklären, zeigen, machen. Sie werden es mit Freude tun. Sie werden aufblühen und nicht durch ihre Versorgung eingehen.

Heimhilfen gehen einkaufen. Na fein, so isolieren Sie nur ihre Klienten ganz in den Wohnungen.

Wissen sie eigentlich, wieviel Wissen um die besten Stücke Fleisch zum Beispiel die Klientin besitzt? Wenn sie mit den Klienten einkaufen gehen, profitieren sie vom Wissen ihrer Probanden.

Sie erzählen ihren Patienten von ihren Problemen zu Hause, damit sie einen Gesprächsstoff haben.

Eigentlich sollten sie das Gespräch auf die Enkelkinder der Klienten bringen. Das spricht die Emotionen an. Die Enkel sollten eingeladen werden.

Beseitigung aller Probleme.

Nicht alle Probleme beseitigen. Die Klienten vertragen schon einiges. Die Klienten mit angerissenen Problemen alleine lassen. Sie arbeiten in ihrer Abwesenheit daran weiter.

Sie erzählen vom gestrigen Fernsehfilm, den sie gesehen haben – schön für sie –.

Lieber als Animation über den Film erzählen, der heute kommen wird. Ein Kalenderprogramm mit den Klienten machen.

Sie schießen herein und putzen, putzen. Wollen sie nicht mit ihren Probanden reden?

Was werden wir denn morgen machen, Frau Müller? Pläne erstellen die Klienten und führen sie auch aus.

Extramurale Betreuer derzeitige Tätigkeit	eigentlich sollten sie aber:
Die Betreuer arbeiten streng nach Dienstplan – das dürfen wir, das dürfen wir nicht!	»Wenn Sie das Geschirr waschen, Frau Müller, dann kann ich Ihnen morgen dafür einen Gefallen tun.« – Animation zur Arbeit (Gegenleistung) –
Sie bringen ihnen etwas zu Weihnachten.	Warum lassen sie sich zum Beispiel nicht etwas stricken? Zum Beispiel Klienten anderen Patienten Briefe schreiben lassen. Es gibt doch einige, die in Kontakt miteinander gebracht werden können. Gemeinsame Jause ist auch nicht schlecht.
Verschönern die Wohnung sehr fein.	Lieber die Klienten verschönern, Haare machen, maniküren und so weiter.
Sie passen auf die Klienten auf.	Er paßt sofort und gern auf ihr Kind auf.
Sie holen die Kohlen aus dem Keller.	und er heizt dafür ein. – »Ich kann bis heute noch nicht mit so einem Ofen einheizen, mir geht er immer aus.« Der Klient wird sie instruieren, er kann es.
Was fällt Ihnen noch ein?	

Fallbeispiel: Animation

Nun war der 30. Patient in seiner Wohnung. Auch wir wollten natürlich nicht in den schlechten Ruf gelangen, Patienten nur aus der Anstalt zu befreien, damit sie nachher in der Wohnung vereinsamen. Mir fiel aus meinem Altgedächtnis ein, daß Mohnnudeln als Erdäpfelteig angeblich – und dies sagte immer meine Mutter – viel Arbeit und Aufwand kosten. Da dies aber eine meiner Leibspeisen war, lud ich zuerst eine Dame, dann eine zweite und dann eine dritte ein, mir bei meinem nächsten Besuch in einer Woche dieses Gericht zu kredenzen. Ich dachte mir dabei nichts. Ich traute es ihnen auch nicht zu, ich unterschätzte die Prägung, daß jede Frau die beste Köchin der Welt ist.

In der nächsten Woche hatte ich die Bescherung. Dreimal Mohnnudeln essen, dies natürlich bei jeder Einzelnen reichlich und gut. Daher hatte ich im Anschluß an meine Hausbesuche über längere Zeit von dieser Leibspeise genug. Die Animation hatte funktioniert – unsere Mehlspeisköchinnen hatten eine Aufgabe, eine Freude. Diese Aufgaben wurden erweitert und ausgebaut. Unsere Klientinnen kochen jetzt gegen Ersatz der Kosten unseren männlichen Klienten Torten und Strudel – beide Geschlechter kommen auf ihre Rechnung, beide Geschlechter sind befriedigt. Die Klienten müssen nämlich als Dank, als Gegenleistung kleine handwerkliche Reparaturen in den Wohnungen der Köchinnen absolvieren. Wir sind beim Lampenwechseln und beim Bretterzuschneiden nicht mehr gefragt.

Hilfe zur Selbsthilfe ist installiert.

Der Tod und die Pflegebedürftigkeit bleiben nicht aus

Trotz aller rehabilitativer Bemühungen dürfen wir über die Tatsache nicht hinwegsehen, daß Menschen früher oder später auch pflegebedürftig werden. Es steht also fest, daß es auch alle anderen derzeit schon installierten Möglichkeiten der pflegerischen Versorgung geben muß. Keines der bis jetzt ins Leben gerufenen Heim-Häuser, auch mit kustodialer Betreuung, ist zwecklos. Fließende Übergänge sind erforderlich. Ich denke hier vor allem an die Wohnheime, Altersheime, Tagesstätten, Clubs und so weiter, die alle mitsamt eine schwierige und aufwändige Tätigkeit im Sinne einer noch Inganghaltung aller Lebensfunktionen zu übernehmen haben. Allerdings hätten auch hier erweiterte Ausbildungs- und Fortbildungstätigkeiten einzusetzen, denn gerade die Altenpflegeheime haben meist, obwohl sie als Spezialkrankenhäuser (Multimorbide Patienten, Sterbende etc.) zu bezeichnen sind, das am geringsten ausgebildete Personal.

Fallbeispiel

Staatsanwaltschaft und Parlament wollten Antwort. Tod der 98jährigen: Polizeiaktion schuld?

Monatelang geisterte eine 98jährige mit ihrem Gehstock durch ein Heim und suchte in jedem Winkel ihren verstorbenen Mann sowie die Kinder, die sie nie geboren hatte. Monatelang, und keiner dachte sich etwas dabei. Höchstens: Na ja, alt is' halt schon...

Jetzt freilich beschäftigte sich sogar das Parlament mit dem tragischen Schicksal von Frau P. Nachdem sie, zum ersten- und letztenmal in ihrem Leben, von der Polizei abgeholt worden war, in die Psychiatrie kam und dort starb.

Der oberste Chef aller Polizisten mußte zum Vorwurf, die Frau sei mißhandelt worden, Stellung nehmen, und die Staatsanwaltschaft ermittelte. Was war geschehen?

In der Nacht auf den 13. Februar hatte das Häuflein Elend im Heim plötzlich bedrohlich seinen Stock geschwungen, gekreischt und die Schwestern gebissen. Mit einemmal waren alle hellwach und taten entsetzt. Um Gotes willen, da muß man ja

...den Notarzt holen. Der spritzte Beruhigungsmittel, war aber mit seinem Latein bald am Ende.

...die Polizei holen: Zittrige 98 Jahre wurden in einen Blaulichtwagen gestopft und im Wachzimmer auf einem Bankerl abgeladen. Es dauerte drei Stunden, bis endlich der Amtsarzt erschien. Er konstatierte massive Verletzungen, tiefe Rißquetschwunde am Hinterkopf, Prellungen an den Oberschenkeln sowie an der Schulter und eine starke Unterkühlung.

Der Polizeimediziner ließ daraufhin die Frau im Allgemeinen Krankenhaus verarzten und stellte ihr dann eine einfache Fahrkarte in Richtung Steinhof aus. Dort wurde Frau P. von Psychiatern untersucht, Diagnose: altersbedingte Verwirrungszustände. Am 25. März schließlich starb sie. »Unser einziger Fehler war, daß wir die Frau nicht schon früher weggegeben haben. Bei uns gibt es ja keinen Psychiater und keine Netzbetten. Aber wir wollten sie auch nicht wegschicken, weil ihre Tochter hat immer gesagt: ›Ich halt's mit ihr nicht aus!‹« wußte die Heimleiterin. Und »Wir haben ihr nichts getan. Die Schwestern haben sie ganz sanft in das Polizeiauto gesetzt.«

Die Polizei wehrte sich gegen den Vorwurf, die Greisin sei mißhandelt worden. »Die Beamten haben sich sowohl bei der Fahrt ins Wachzimmer und auch dort korrekt verhalten.« Und die Verletzungen? »Die sind vermutlich dadurch entstanden, daß die Frau halt im Wachzimmer ein paarmal vom Bankerl runtergefallen ist.« Und die Unterkühlung? Dafür gibt es vorerst noch keine Erklärung.

Ein Fall wie das hier angegebene Beispiel dokumentiert doch die absolute Hilflosigkeit der Helfer bei cerebralen Dekompensationen. Wir müssen eben damit rechnen, daß Vorgänge der akuten Hirninsuffizienz oder auch der langsamen progressiven Verschlechterung zum Leben gehören und jederzeit möglich sind.

Wir müssen eben die Krankenbeobachtung im Sinne einer psychischen Auffälligkeit erlernen und darauf achten, daß vielen Menschen durch eine sofort einsetzende somatische und psychiatrische Therapie oder nur durch eine vermehrte Intensivzuwendungszeit ein schlechtes Los erspart bleiben könnte, oder daß zumindest der akute Abbau verzögert werden würde.

Auf die somatische Pflegebedürftigkeit brauchen wir in diesem Buch nicht näher einzugehen, denn jeder von uns weiß über diese aufopfernde Tätigkeit Bescheid und führt sie nach bestem Wissen und Gewissen durch.

Rückzugstheorie nach Freud

Die Ablösung von der Umwelt kann einerseits aus einer Abwehrhaltung (H. RADEBOLD 1979) und andererseits aus einem tatsächlichen Rückzugswillen heraus entstehen.

Jene Personen, die sich zurückziehen, die sich absolut nicht mehr am Leben beteiligen wollen, soll man nicht um jeden Preis aktivieren, sondern wir müssen zur Kenntnis nehmen, daß unsere Probanden trotz unseres Therapieangebots – kalendarisch und biologisch – älter und pflegebedürftiger werden und schließlich auch das Recht auf einen stillen Exitus haben. Wir müssen diesen Menschen daher genug Rückzugsraum zur Verfügung stellen, eine dynamische Distanz zulassen (Validation).

Hier müssen alle Maßnahmen auf psychologischem, pflegerischem und menschlichem Gebiet eingesetzt werden, die die letzten Tage im Leben so verständnisvoll wie möglich machen. Die Pflegepersonen müssen erkennen, daß ihre Aufgaben nicht in der Rehabilitation, sondern im Verschönern, Verbessern der letzten Stunden liegen. (Das ist nicht frustrierend, wenn man weiß wozu.)

Sterbehilfe ist eigentlich Lebenshilfe, denn man kann das Sterben noch als Abschnitt des Lebens bezeichnen. So gesehen muß der Sterbeprozeß als letzte Krankenpflegemaßnahme betrachtet werden.

Die Medical Tribune gab einen Artikel des Herrn Dr. Paul BECKER aus Limburg an der Lahn wieder, der besagte, daß 92 Prozent der Menschen den Wunsch haben, in ihrer Wohnung zu sterben. So gesehen kann jede Animation und jede reintegrierende Maßnahme in der geriatrischen Versorgung eigentlich auch als Sterbehilfe schlechthin angesehen werden. Auch die Heimhilfen und Altenpflegerinnen erfüllen eine menschliche und befriedigende Aufgabe. Es ist allerdings für die Betreuer eine schwierige Aufgabe, die viel Verständnis und eine eigene Ausbildung in Thanato-Psychologie erfordert.

In unserer Arbeit ist es auch gelungen, die Sterbeziffer der Anstalt zu reduzieren und damit eigentlich auch, eine Tat im Sinne der Sterbehilfe zu setzen.

Religiöse Bedürfnisse

Unabhängig davon hat jeder Patient das Recht, daß auf seine religiösen Bedürfnisse Rücksicht genommen wird!

Bedeutung des Todes – Vorstellung über Leben nach dem Tod
Verwandlung in einen neuen, heilen Menschen, zu neuem Leben in Vollendung, Unverweslichkeit, Kraft, Freude, Gemeinschaft (1. Brief an die Korinther 15,42–43).
»Er, Christus, wird unseren hinfälligen Leib seinem verherrlichten Leibe gleichgestalten.« (Brief an die Philipper 3,21 Auferstehung)

Religiöse Vorschriften und Gebräuche
Ernstlich Kranke erhalten das Sakrament der Krankensalbung (Jakobusbrief 5,14–15).

Betreuung und Pflege
Den zuständigen Seelsorger benachrichtigen.
Wenn nötig, Brücke zwischen dem Patienten/Angehörigen und dem Seelsorger bauen.
Klären, ob der Patient die heilige Kommunion empfangen will.
Auf Gottes Erbarmen, Macht, Treue und Gegenwart hinweisen.
Beim Patienten sein, auf ihn hören.
Auf Wunsch des Patienten ein ihm bekanntes Gebet sehr langsam sprechen (zum Beispiel »Vater unser«).

Verrichtungen nach Eintritt des Todes
Seelsorger nur rufen bei plötzlichem Tod, wenn der Patient vorher keine Betreuung hatte (für Gebet, nicht für Sakrament) oder wenn die Angehörigen Trost brauchen und ein Gebet wünschen.
Kerze im Zimmer anzünden (sofern vom Spital erlaubt), als Symbol des Glaubens an die Auferstehung.
Angehörigen, falls nötig, Hinweise geben über Aufbahrungsort und Formalitäten.

Protestantische Kirchen

Bedeutung des Todes – Vorstellung über Leben nach dem Tod
Verwandlung zu neuem, ewigen Leben. Gott wird durch den Tod hindurch das, was er selbst schon im irdischen Leben geschaffen hat, vollenden, das heißt, mich selbst zur Vollendung führen. Das Wichtigste wird die volle Gemeinschaft mit Gott sein, »ihn sehen, wie er ist«.

Religiöse Vorschriften und Gebräuche
Keine Vorschriften. Auf Wunsch feiert der Pfarrer das Abendmahl mit dem Sterbenden.

Betreuung und Pflege
Vor allem menschliche Anteilnahme und Nähe (eventuell die Hand des Sterbenden halten). Entsprechend den Bedürfnissen des Sterbenden handeln. Eventuell einem Sterbenden vertrauten Bibelabschnitt oder ein Kirchenlied vorlesen, etwa Psalmen 23, 46,1–4, 91 oder 103, Evangelium nach Johannes 10, 27–30, Brief an die Römer 8, 38–39, Offenbarung des Johannes 7, 14–17, Lied 37, 275, 370, 373.

Verrichtungen nach Eintritt des Todes
Keine Vorschriften. Hilfreich ist es, die Verbindung zum Gemeindepfarrer herzustellen, falls die Angehörigen dies nicht selbst tun können, um ihnen die Gelegenheit zu verschaffen, die Bestattung beziehungsweise Kremation frühzeitig mit diesem zu besprechen.

Jüdische Religion

Bedeutung des Todes – Vorstellung über Leben nach dem Tod
Die Seele ist göttlich und deshalb unsterblich, so wird dem Menschen nach dem Tode ein geistiges Dasein in Gott zuteil. Die jüdische Religion lehrt den Glauben an die Auferstehung der Toten zur Zeit, welche der Schöpfer nach seinem Willen bestimmen wird.

Religiöse Vorschriften und Gebräuche
Unbedingt Familie oder Jüdische Gemeinde benachrichtigen. Diese übernehmen die religiöse Begleitung (Gebete, Sündenbekenntnisse werden üblicherweise auf hebräisch von Juden gesprochen). Man soll den Sterbenden nicht allein lassen, ihn nicht bedrängen und nicht auf ihn einreden. Man soll sich still und gefaßt verhalten und so beruhigend wirken.

Betreuung und Pflege
Ein Verhalten, das dem Sterbenden die Würde bewahrt.
Jede praktische Hilfe in der Einhaltung der Speisegesetze und der Sabbatweihe wird hochgeschätzt und ist auch von psychologischem Wert. Familie, Jüdische Gemeinde, Rabbiner geben Auskunft über Vorschriften und konkrete Ausführungsmöglichkeiten.
Alle therapeutischen Maßnahmen und Medikamente, die das Leben retten beziehungsweise das Leiden lindern, sind erlaubt.

Verrichtungen nach Eintritt des Todes
Die Angehörigen oder die Jüdische Gemeinde benachrichtigen, die den
Toten (nach Überführung auf den Friedhof) waschen und ankleiden.
Der Familie die Möglichkeit zur Totenwache geben.
Die Autopsie ist unerwünscht. Nur aus zwingenden gerichtsmedizini-
schen Gründen und im Einvernehmen mit der Familie durchführbar.

Islam

Bedeutung des Todes – Vorstellung über Leben nach dem Tod
Verwandlung. Der Tod trennt die Seele vom Körper. Die Seele erlebt eine
Entwicklung entsprechend der Lebensweise, die der Verstorbene im
Diesseits geführt hat. Belohnungen und Strafen im Jenseits sind als geistige Wirklichkeiten aufzufassen (Qualen der Hölle, Freuden des Paradie-
ses). Das letzte Ziel des menschlichen Lebens ist die Begegnung mit Gott,
dem allmächtigen Erschaffer und barmherzigen Herrn.

Religiöse Vorschriften und Gebräuche
Essensbräuche:
kein Schweinefleisch, keine Wurstwaren aus Schweinefleisch oder
Schweinefett, keinen Alkohol.

Betreuung und Pflege
Äußere Sauberkeit ist Symbol für innere Sauberkeit. Alles, was in Berüh-
rung mit Urin und anderen Exkrementen gekommen ist, muß peinlich
sauber gewaschen werden, wie Hände des Patienten, der Krankenschwester, Utensilien, Wäsche.
    Patient darf nie bloßliegen, also nie ganz aufgedeckt werden (Keusch-
heit).
    Patient und Angehörige vom »Tod ablenken«, denn es gibt keinen!
Auf ewiges Leben hinweisen.

Verrichtungen nach Eintritt des Todes
Strenges Ritual: Füße dürfen nicht nach Südwesten gerichtet sein! (Im
Grab wird dann das Kopfende nach Südwesten, das Fußende gegen Nord-
osten gebettet, das Gesicht schaut nach rechts, also gegen Südosten.)

Zeugen Jehovas

Bedeutung des Todes – Vorstellung über Leben nach dem Tod
Der Mensch ist eine Seele (1. Mose 2,7).
Tod bedeutet: Der ganze Mensch kehrt zum Staube zurück. Aufbewahrung nur in Gottes Gedächtnis.
Auferstehung: Rückkehr aus dem Tod zur Zeit des Tausendjährigen Reichs unter Gottes Herrschaft (Evangelium nach Johannes 5,28–28). Diese Zeit steht nahe bevor.

Religiöse Vorschriften und Gebräuche
Keine Bräuche, keine besonderen Vorschriften, keine Zeremonien. Der Glaube an die Auferstehung ist für den Zeugen Jehovas die tragende Kraft in der Sterbestunde.

Betreuung und Pflege
Es ist wichtig, daß man auch in dieser Stunde, wenn der Patient kraftlos ist, seinen Glauben respektiert, also:
keine Bluttransfusionen, keine Plasmainfusionen, keine eventuellen plasmahaltigen Speisen, wie Wurstwaren, Aufschnitt und so weiter.
Besuch durch Geistliche anderer Religionsgemeinschaften nicht angezeigt.

Verrichtungen nach Eintritt des Todes
Dem Leichnam dürfen keine Organe entnommen werden.
Angehörige müssen wegen Autopsie gefragt werden.

(Aus H. P. BERTSCHI und andere: Betreuung Sterbender. Beiträge zur Begleitung Sterbender im Krankenhaus. Editiones Roche (»RECOM«), Basel, 1978.)

Die Übergangspflege –
Beseitigung der Kluft zwischen intramuraler und extramuraler psychiatrischer Pflege

Da Menschen mit cerebralen Altersveränderungen (biologischer Abbau, massiver Verwirrtheitszustand etc.) vermehrt in psychiatrischen Krankenhäusern und Pflegeheimen aufgenommen werden, haben wir uns für diese Patientengruppe eine spezifische Reintegrationspflege erarbeitet. Die in Wien neu installierte und europaweit nachgemachte therapeutische Krankenpflege wird von 40 nebenberuflich tätigen Krankenschwestern und Krankenpflegern durchgeführt und setzt eine am Krankenbett begonnene reaktivierende Pflege bis ins Wohnmilieu kontinuierlich fort.

Die Aufnahme in eine geschlossene Anstalt oder in ein Pflegeheim ist für den Betreffenden immer ein frustrierendes Ereignis, man fühlt sich abgeschoben, oft seiner menschlichen Würde und seiner Eigenständigkeit beraubt. Der Patient wird praktisch zu seinem Schutz (Verwirrtheit, paranoide Ideen, Verwahrlosung) verwahrt und so einer »Zwangsbeglückung« ausgesetzt. Es stellt sich nun die Frage, ob dieser Mensch eine derartige Betreuung überhaupt wünscht oder ob er nicht lieber wieder in seinem vertrauten Milieu (Altgedächtnis) leben möchte. Dieses und ähnliches muß man abklären, den Lebenswillen und Lebenskampfgeist des Patienten überprüfen, und zwar am »Ort der Not« – in seiner Wohnung. Erst wenn keinerlei emotionale Reaktionen zu wecken sind (durch differential-diagnostischen Ausgang prüfen), kann man von einem Sich-Entfernen aus dem Leben, von einer Rückzugsphase sprechen. Erst dann erfüllt unter Umständen das Pflegeheim seine Funktion.

Der geronto-psychiatrische Patient ist aber nicht allein durch seine psychische Veränderung ein Problemfall, noch mehr macht die Multimorbidität solcher Patienten zu schaffen. Selbst Ärzte sind durch die somatischen Mehrfacherkrankungen unserer Patienten und ihre psychischen Auffälligkeiten oft überfordert und verlangen nach einem eigenen Facharzt für Gerontologie, oder als Hilfestellung einen Geronto-Therapeuten.

Die Betreuung von gerontologischen oder geronto-psychiatrischen Patienten gehört demnach in eine spezifisch ausgebildete, mit Erfahrungswerten reich ausgestattete Arbeitswelt. Diese Krankenpflegepersonen arbeiten multiprofessionell und sind auch in der somatischen Krankenpflege ausgebildet. Hier ist es erforderlich, eine optimale, sichere Krankenpflege zu forcieren, um dem Krankenpflegepersonal diese schwierige Aufgabe zu erleichtern, denn allzuoft kommt es in diesem Fach zu einer Überforderung, zu Angst vor Fehlentscheidungen und zu einer Frustration des Personals.

Der Umgang mit alten Leuten kann jedoch auch zu einer der schönsten und befriedigendsten Krankenpflegeformen werden, wenn man der Überzeugung ist, daß gerade diese Menschen der verstärkten fachlichen Pflege bedürfen und wir diese bieten können.

In allen Sparten der Medizin kann der Patient viel zu seiner Heilung beitragen. Ein verwirrter oder paranoider Mensch kann hingegen seine Angst, seine Unsicherheit nicht allein beherrschen, er bedarf einer fachlichen Unterstützung durch symptomspezifische Unterstützung auf der seelischen Ebene.

Für den Problemschwerpunkt »geronto-psychiatrische Patienten« hat sich im Psychiatrischen Krankenhaus der Stadt Wien die Übergangspflege als eine effiziente Hilfestellung bei der Reintegration dieser Patienten erwiesen. Wenn man sich längere Zeit mit Mitgliedern von Organisationen, die sich um geronto-psychiatrische Patienten bemühen, unterhält, stellt man oft mit Bedauern fest, daß auch in Fachkreisen nicht die gleiche Sprache gesprochen wird, auch hier wird verabsäumt, die Fachspezifität zur Kenntnis zu nehmen.

Ich darf Ihnen, werte Kollegin, werter Kollege, nun eine kurze Vorstellung unserer Tätigkeit bei der Übergangspflege geben.

Die Erkenntnis, daß Menschen mit Abbauerscheinungen im höheren Lebensalter (im psychischen und somatischen Bereich) nach der Einlieferung in eine Gerontologie oder Psychiatrie den sozialen Tod erleiden, führte zu der Überlegung, diese Patientengruppe in ihr Milieu zu reintegrieren. Bei vielen Patienten war zwar ein stationärer Aufenthalt in einer Psychiatrie nicht angezeigt, sie hatten aber bislang keine großen Reintegrierungschancen. Auch die Transferierung in ein Pflegeheim stellte keine befriedigende Maßnahme dar.

Die Übergangspflege basierte zunächst nur auf unserer Krankenpflegeausbildung und einer gewissen Zivilcourage, später kamen Erfahrungswerte hinzu. Unser Erfolg beruht nicht allein auf wissenschaftlichen Erkenntnissen, sondern wäre ohne die Einsatzfreude und Menschlichkeit unserer Mitarbeiter nicht möglich.

Unsere Fachkenntnisse haben wir neben unseren eigenen Erfahrungswerten durch Fortbildungsveranstaltungen auf wissenschaftlicher Grundlage vertieft, mit vorwiegend diesen Arbeiten von:

Prof. Luc Ciompi (»Die Psychiatrie des Alterns«. Band 3, Basel, 1970), Rudolf Schenda (»Thesen zum Elend alter Leute«. Düsseldorf, 1972), R. Zimmermann (»Alter und Hilfsbedürftigkeit«. Enke-Verlag, 1977), H. Radebold (»Psychotherapie mit alten Menschen«. Paderborn, 1979).

Das Grundkonzept der Übergangspflege besteht darin, daß wir Patienten (überwiegend geronto-psychiatrische) vom Krankenbett in ihre Wohnung reintegrieren.

Wir versuchen dabei, die Menschen zu motivieren, ihre Krankheitsrolle aufzugeben und den Lebenskampf wieder aufzunehmen. Wir bringen sie vom Krankenhaus (Neugedächtnis) in ihre Wohnung (Altgedächtnis) und machen sie dadurch lebensfähig.

Die Auswahl der Patienten, die unserer Hilfe bedürfen, treffen die jeweiligen Stationsärzte aufgrund von

- psychiatrischer Behandlungsbedürftigkeit
- psychiatrischer Überwachungsbedürftigkeit
- somatischer Multimorbidität und der daraus resultierenden Problemkumulation
- überforderter Verwandter, die Unterstützung benötigen, da sie mit ihrer moralischen Pflicht nicht zu Rande kommen.

Da fast alle älteren Patienten eine Multimorbidität aufweisen und diese sich vorwiegend im somatischen Bereich widerspiegelt, kann man sagen, daß Krankenpflegepersonen aufgrund ihrer Ausbildung (Somatik, Krankenpflege, Medikamentenlehre etc.) für die Betreuung dieser Personengruppe besonders prädestiniert sind.

Arbeitsweise und Arbeitsablauf der Übergangspflege

Zuweisung

Die Übergangspflege braucht eine Zuweisung für ihre Tätigkeit. Diese Zuweisung wird vom Arzt ausgefüllt, auf dem Hintergrund, daß der Patient für die Übergangspflege geeignet ist. Auch der Patient sollte diese Zuweisung kennen, unterstützen und am besten auch unterschreiben. Damit der Patient das Gefühl bekommt, daß Sie ihm aus dem Krankenhaus raushelfen wollen.

Bei präventiven Besuchen in der Wohnung, aber auch bei Erstkontakten auf anderen Stationen ist es wichtig, dem Patienten beziehungsweise Klienten vorab den Besuch des Übergangspflegers / schwester mitzuteilen. Denn die Lage kann nur verschlimmert werden, wenn bei einem Patienten, der sich verfolgt fühlt, plötzlich an die Tür geklopft wird.

Vergessen Sie nicht, daß der psychiatrische Patient eine Vorgeschichte hat und daß er erst dann der Übergangspflege zugewiesen wird, wenn alle anderen Versorger mit ihren Kräften am Ende sind.

Unsere erste Aufgabe muß es also sein, vor dem Hintergrund dieses Notschreis »er überfordert uns, nehmt ihn mit auf die Psychiatrie« ein Gespräch zu führen, das aus diesem Voll-Notfall einen Dreiviertel-Notfall und schließlich nur noch eine schwierige Situation macht, die im weiteren Verlauf zu lösen ist.

Erstkontakt

Aufgrund der Zuweisungen erfolgt der Erstkontakt auf der jeweiligen Station, durchgeführt vom Praxisanleiter. Die Praxisanleiter sind die extramuralen Pflegedienstaufsichtspersonen, sie haben sich um die medizinischen und juristischen Aspekte der Klienten und um die Dienstleistungen der Pflegepersonen zu kümmern. Ferner legen sie den extramuralen Pflegezielplan und die daraus resultierenden Impulse fest und achten auf deren Einhaltung.

Der Praxisanleiter bemüht sich erstmals, dem Klienten die Sachlage zu erklären, also, was wir für ihn tun können und was wir auf keinen Fall für ihn tun. Er erhebt, wenn es nicht schon geschehen ist, die individuelle Biographie und stellt den derzeitigen Status fest.

Manchmal wird gleich beim Erstkontakt ein Termin für einen sogenannten differentialdiagnostischen Ausgang (einen Ausgang in die Wohnung) vereinbart. Zu diesem Erstausgang kommt auch die Betreuungsperson mit. Dabei soll die Gedächtnisleistung im Neugedächtnis (im Krankenhaus eher desorientiert) und im Altgedächtnis (zu Hause eher orientiert) herausgefunden werden.

Dieser Erstausgang mit unserem Klienten bringt noch weitere, nicht gleich zu erkennende Vorteile mit sich.

• Vigilanzsteigerung des Klienten durch den Reiz »das ist meine schwer erarbeitete, eingerichtete Wohnung«,
• Vigilanzsteigerung durch bekannte Geruchsassoziationen,
• eine Reizanflutung für die Nachbarschaft, die ihn sicher in der Klinik verwahrt dachte,

- Belastungsausgang mit Prüfungssituation,
- Prüfung der somatischen Belastbarkeit,
- Hoffnung für den Klienten, mit ihm wird etwas angestellt, er wird nicht in der Klinik vergessen,
- Befindensverbesserung auf der emotionalen Ebene,
- Wiedererlangung der lebenspraktischen Fähigkeiten,
- Sicherheitsgefühl durch Altgedächtnissituation.

In der Gesprächsführung muß darauf geachtet werden, daß das Ehrgefühl und die Ich-Wertigkeit gestärkt werden, daß die Altersregression verhindert und der Anspruch auf Anerkennung erfüllt wird. Durch den Gang in die Wohnung werden die alten geprägten Kompensationsmechanismen und Prägungen wieder eingesetzt, ein Gleichgewicht wieder hergestellt. Würde nur der differentialdiagnostische Ausgang mit jedem Betagten durchgeführt, hätte man einen gangbaren Weg gegen den therapeutischen Nihilismus in der Geriatrie.

Differentialdiagnostischer Ausgang und psychodynamische Reaktion

Beim differentialdiagnostischen Ausgang kann man innerhalb kürzester Zeit zwei Reaktionsformen beobachten: erstens die Reaktion der spontanen Gesundung und zweitens die Reaktion der Verschlechterung des psychischen Zustandes. Verbindet man diese beiden Reaktionen mit der gängigen medizinischen Auffasssung, ergibt sich ungefähr folgendes Schema:

Patient bessert sich spontan
Medizinisch nennt man das eine akute cerebrale Dekompensation. Es ist vorwiegend bei Desorientierten symptomatisch. Das Pflegevorgehen besteht darin, die Dekompensationsgründe herauszufinden und symptomspezifische Maßnahmen zu ergreifen.

Patient reagiert mit psychischer Verschlechterung
Medizinisch nennt man das eine Hirnorganische Störung. Sie tritt eher bei paranoiden Wahnideen auf. In diesem Falle ist es notwendig, Trainingsprogramme für die Wohn- und Verkehrssicherheit zu erstellen, ein Überlebenstraining im Altgedächtnis durchzuführen und das symptomspezifische Verhalten zu beachten.

Aufgrund der Tatsache, daß es mindestens zwei Reaktionsformen gibt, gibt es auch mindestens zwei Schwerpunktprogramme für das wei-

tere Vorgehen, im ersten Fall die Starthilfe und im zweiten die Übergangspflege in Reinkultur.

Bei beiden Formen erfolgt am Rande natürlich auch eine grundpflegerische Versorgung. Aber das Herzstück der Versorgung muß und soll der
psychische Pflegeprozeß sein.

Die Beschreibung der individuellen biographischen Maßnahmen
würde in diesem Buch zu weit führen, ich habe sie bereits ausführlich in
meinen anderen beiden Büchern beschrieben (BÖHM 1988, 1991).

Intentionen im Milieu

Beim nächsten Schritt wird versucht, tragfähige Kontakte zu Nachbarn
und Verwandten wieder herzustellen. Es soll versucht werden, die Soli-
darisierung mit den Gesunden zu erreichen. Dies kann durch Aufklärung
der Umgebung, über Verständnis und Toleranz erfolgen. Bei dieser Tätigkeit konnten folgende Erfahrungen gewonnen werden:

• Pflegepersonen sind in ihrer Ausdrucksweise (Mundart) öfter ver-
ständlicher für die Umgebung.

• In vielen Wohnhäusern Wiens konnten wir den Begriff »Wärter« zum
Begriff des psychiatrischen Krankenpflegers umfunktionieren und damit eine verständnisvollere Basis bei Gesprächen mit den Nachbarn
schaffen.

• In vielen Fällen sitzen bei den Therapiebesuchen unseres Personals
in der Wohnung des Patienten mehrere Nachbarn (meist ältere
Menschen), die auch auf ein Gespräch und Verständnis hoffen.

• Beim Wohnungssanieren werden oft Schuldgefühle bei den Verwandten geweckt, so daß sich diese früher oder später bereit erklären mitzu-
arbeiten und ihre volle Unterstützung anbieten.

Während der letzten Phase kann der Klient bereits entlassen werden.
Durch unseren Bekanntheitsgrad und das bis dahin gewonnene Vertrauen
ist es uns möglich, eine Heimhilfe einzuschleusen. Die Heimhilfe ersetzt
in der Wohnung den Ausgedingecharakter und wird zum Aktivschlepper
umfunktioniert. Auch bei den Heimhilfen kann man heute schon sagen,
daß ihre Erfahrung im Umgang mit älteren Menschen und ihre Einsatzfreude vor dem Fachwissen stehen.

Die Heimhilfen werden durch die zuständige Pflegeperson über den
Patienten informiert. So bleibt ein Kontakt zwischen Patient, Heimhilfe

und Pflegeperson bestehen. Bei einem Kontakt, den die Heimhilfe, die Verwandten oder Nachbarn aufzeigen, wird eine Lösung der Problematik von uns prompt angestrebt und auch meist erreicht. Auch die somatische Überwachung, Riva-Rocci-Kontrolle, Medikamenteneinnahme, Nahrungs- und Flüssigkeitsbilanz bleibt erhalten. Diese flankierenden Maßnahmen wurden zur Vermeidung der Drehtürpsychiatrie ergriffen und funktionieren bestens.

Symptomspezifisches Verhalten

Durch unser Team werden vorwiegend Klienten mit folgenden nach dem International Classification of Diseases Schema numerierten Diagnosen betreut:

290,0 einfache senile Demenz
290,2 senile Demenz mit depressivem oder paranoidem Erscheinungsbild
290,3 senile Demenz mit akutem Verwirrtheitszustand
290,4 arteriosklerotische Demenzen
... hospitalisierte Patienten mit Morbus Bleuler
... hospitalisierte Patienten mit chronischer Hirninsuffizienz

wobei die Krankenhausaufenthaltsdauer von zwei Wochen bis 15 Jahre schwankt.

Statistik über die Stundenzahl der Betreuung

Zeitausmaß in etwa 3 Monaten	
Kontakterstellung Goldene Brücke Gewinnung des Vertrauens Regelung der finanziellen Lage Regression verhindern	6,2 Std.
Symptomspezifisches Verhalten entweder Realisationstraining oder negative Intention oder Wohnungssanierung etc.	24,3 Std.
Intention im Milieu Stützende Besuche bis zur Stabilisierung, includiert die Überwachung der Medikamenten- einnahme und die somatische Betreuung	23,0 Std.
In drei Monaten fallend auf 0	52,5 Std. pro Patient

Rückfallrisiko!

Erfahrungswerte:
Cardiale Dekompensation ab dem dritten Monat.
Dehydration ab dem dritten Monat.
Medikamenteneinnahme wird nach der zweiten bis dritten Woche ver-
weigert. Verwechslung von Medikamenten oder kleine Pausen bei der Di-
gitalistherapie ab der ersten Woche (Überdigitalisation führt häufig zu
paranoiden Zuständen).

In der Folge versuchen wir, den Klienten weiter dazu zu motivieren,
seine Krankenrolle aufzugeben und den Lebenskampf neu zu beginnen.
Nach einer Betreuungszeit von ca. drei Monaten (etwa 52,5 Stunden) wird
der Patient entweder

1. sich selbst,

2. einer Heimhilfe oder

3. einer nachgehenden Dienststelle des Psychosozialen Dienstes zur Verhinderung eines Rückfalles überantwortet.

Die meisten Patienten sind nach einer aktivierenden Pflege wieder am Status quo ihrer Hirnabbauerscheinungen angelangt, mit dem sie auch vor ihrem Spitalsaufenthalt leben konnten, so daß sich eine weitere Betreuung erübrigt. Die Klienten kompensieren ihren biologischen Abbau beziehungsweise ihr Krankheitsbild wieder normal.

Sind die Klienten eher liegende »Pflegefälle«, bedingt durch ein hohes Alter, Bewegungsstörungen oder somatische Erkrankungen, werden sie zur weiteren Animation einer Heimhilfe übergeben, wobei diese Heimhilfe von unserer Institution instruiert wird und ein Nabelschnurkontakt zu unseren Praxisanleitern bestehen bleibt.

Vorteile der Übergangspflege und der Pflegediagnose

Sobald Übergangspflegepersonen auf der Station arbeiten, werden sich auch die anderen Mitarbeiter mehr Gedanken über ihre Arbeit machen, und eine andere Arbeitssituation entsteht.

Die Vorteile im einzelnen wären:

- Entlastung der Akutkrankenstationen von Asylierungs- beziehungsweise Pflegefällen oder jenen, die dazu gemacht werden.
- Verhinderung von Pflegeheimtransferierungen.
- Imageaufwertung des Pflegepersonals und damit Verringerung des burnout-Syndroms.
- Umsetzung von Einzelzielen des Gesundheitsplanes 2000.
- Verminderung von Krankenhaus- und Pflegeheimkosten.
- Versteckte Praxisanleitung für Heimhilfen.
- Klientenzentrierte Ganzheitlichkeit im Milieu.
- Eine Serviceleistung für den Anstaltsarzt.

In Amerika erkennt man immer mehr, welch wichtige Rolle der Hauspflegedienst bei der Behandlung und Betreuung von Mentalpatienten spielt. So gibt es zum Beispiel Versuche, die unabhängig von unserem Projekt gemacht wurden, in Evansville / Indiana, New York City, Baltimore / Maryland, Cleveland / Ohio, North Essey / Massachusetts, deren Ansichten und Erfahrungen sich voll mit unseren decken und wo vermehrt Heimhilfen mit Spezialausbildung unter der Anleitung von diplomiertem Pflegepersonal in der mentalen, extramuralen Pflege arbeiten.

Durch die Psychiatriereform in Wien haben sich acht Psychosoziale Dienste organisiert, die eine ambulante Betreuung von psychisch Kranken extramural leisten. So werden auch unsere betagten Klienten, wenn eine psychiatrische Überwachungsbedürftigkeit besteht, diesen Dienststellen zur Nachsorge übergeben. Auf dem Gebiet der Prävention hat sich die Dienststelle 2 in Wien spezifisch etabliert.

Natürlich bleiben trotz unseres ständigen Bemühens, das Los der gerontopsychiatrischen Patienten zu verbessern, die Pflegebedürftigkeit und der Tod nicht aus.

Mißglückte Rehabilitation »Wer ist da schuld?«

Nicht immer scheint die Sonne am Himmel der Betreuer, manchmal verfinstert sich die Situation der Versorgung, besonders dann, wenn ein schon psychisch stabilisierter Patient einen Rückfall erleidet. Dann steht immer die Frage offen: Wer verursachte das: »Ich« – der Laienbetreuer? der Verwandte? und so weiter. Ohne zu philosophieren, möchte ich Ihnen einen Rückfall schildern: Analysieren Sie selbst, wer wohl am Versagen dieser beiden zitierten Patientinnen Schuld trägt.

In mühevoller langwieriger Kleinarbeit konnte eine Symbiose zwischen einer Patientin Frau O. und ihrer Freundin Frau F., beide mit der klinischen Diagnose paranoide Schizophrenie, aufgebaut werden. Da die Symptomatik und ihre Auswirkung auf die Patienten sowie auf ihre Umgebung in etwa gleich waren, gebe ich zur Übersicht über die von uns geleistete Arbeit nur den Pflegeplan und nicht die gesamte Krankengeschichte wieder.

Pflegeplan der Patientinnen O. und F.

Anamnese: Bei beiden Patientinnen handelte es sich um Frauen, die nach ihren lebensgeschichtlichen Angaben eine böse Zeit im Konzentrationslager Auschwitz durchgemacht hatten. Sie vertrauten keinem Menschen, sie glaubten, sie würden von jedem abgeführt, und sie stellten sich scheinfreundlich (dann passiert uns nichts) etc.

- Aus den Biographien waren eine rassistische Verfolgung und ein Konzentrationslager-Aufenthalt ersichtlich und explorierbar – diese Erinnerungen (Ängste) mußten durch eine absolut vertrauenswürdige Person, die nicht an das deutsche Regime erinnerte, kompensiert werden.

- Gegen die paranoiden Ideen (die gegen die Nachbarn bestanden, diese seien angeblich Nazis und nähmen ihnen nachts alles aus der Wohnung, auch die Einleitung einer Gasröhre wäre nachts durchgeführt worden) setzten wir die Gesprächsführung im Sinne der paradoxen Intervention.

- Mit der schon verärgerten Nachbarin werden Gespräche im Milieu geführt. Eine Unterstützung der Hausparteien durch Aufklärung und Unterstützungszusage bei Akutfall wird vorgenommen.

- Da die Patientinnen in ihrer Angst zu verbalen Aggressisonstendenzen neigten, wurde eine vermehrte motorische Abreaktion durch Spaziergänge und andere motorische Tätigkeiten (Gehtanten) veranlaßt.

Diese therapeutischen Maßnahmen führten, wie eingangs erwähnt, zu einer Stabilisierung nach einer Betreuungszeit von sechs Monaten, wobei die Patientinnen fast täglich kontaktiert werden mußten. Es bestand also zum Schluß unserer Integrationsbemühungen schon ein gewisses »Erlahmen« unseres eigenen Antriebs, unseres eigenen Könnens.

Die Lebensgemeinschaft der beiden Damen funktionierte so recht und schlecht. Sie fanden sich beide in der Wohnung zurecht, wurden zusehends lockerer und organisierten sich selbst aus Freundschaft und neu entstandenem Lebenswillen eine Selbsthilfe, eine gegenseitige Unterstützung. Bei der Tolerierung ihres »eben anders seins« konnte man die Betreuung abschließen und eigentlich als gelungen bezeichnen. Auch die paranoiden Ideen, die gegen die Nachbarn bestanden, konnten bei der Patientin O. durch das Vorhandensein (Sicherheit) ihrer Freundin ohne Angstzustände beherrscht werden.

Da die beiden Frauen eigentlich gut lebten, kamen die verschiedensten Nachsorgeeinrichtungen auf die Idee, diese Patientinnen aufzusuchen, so entstand eine Überforderungssituation der Patientinnen. Diese äußerte sich angeblich durch einen akuten Rapptuszustand. Die nachträgliche Rekonstruktion ergab in ungefähr folgenden Status:

Am Abend des... klopfte es an der Tür der Patientin. Eine Betreuerin verlangte mit eher barschem Ton Eintritt in die Wohnung (die Patientin meinte, dies sei der Nachbar, von dem sie sich schon seit Jahren verfolgt fühlte). Nach dem Öffnen der Eingangstür sprach die Betreuerin in schneller, sehr überprotecter Stimme auf die beiden Damen ein. »Wieso wohnt hier der Untermieter, wer ist dies überhaupt, ich betreue Sie ja, Sie brauchen niemand anderen?« (Eifersüchtiger, überprotecter-neurotischer Betreuer.) Die Patientin erkannte intuitiv (es sind ja Leute mit dünner Haut, Leute, die besser fühlen, erkennen als wir sogenannten Normalen), daß diese Person für sie nur Schlechtes bringen konnte, sie bekam plötzlich Angst, wieder allein sein zu müssen, wieder in die Anstalt zu müssen, ihre Freundin zu verlieren. In ihrer Angst und in ihrem Unglück schrie sie die sogenannte Betreuerin an. Dies führte wiederum dazu, daß die Betreuerin Angst bekam, diese aber durch ihre institutionalisierte Alpha-Position die Polizei alarmierte und so eine sogenannte gemeingefährliche Geisteskranke neuerlich in eine geschlossene Station der Psychiatrie überführt werden mußte.

Reines Pech für einen schon psychisch stabilisierten Patienten ist demnach ein nicht ausgebildeter, nur auf Emotionen aufbauender Betreuer, der selbst unsicher ist und selbst seine eigenen Ängste, seine eigenen Schwierigkeiten wegtherapeutisieren will »auf Kosten des sogenannten Patienten«.

Für die nicht funktionstüchtigen, aber verbal immer kooperativ erscheinenden Verwandten möchte ich als Feedback nur Originalbriefe wiedergeben. Ich glaube, daß Sie sich die Problemstellung selbst erlesen können. Versuchen Sie im Anschluß an die Briefe, Problemschwerpunkte im Umgang mit Verwandten (Intentionen im Milieu) zu notieren.

Brieflich ersuchten wir die Schwester der Patientin um die Erlaubnis, ihre Verwandte von der Station weg in ihre Wohnung reintegrieren zu dürfen. Wir baten um Hilfe. Es erschien der erste Retourbrief, der Kooperation, Freude und Mithilfe der leiblichen Schwester widerspiegelte.

Sehr geehrter Herr Böhm!
Ihre Benachrichtigung bezug meiner Schwester... habe ich dankend erhalten. Um einer Besprechung entgegenzukommen, teile ich Ihnen mit, daß ich am Donnerstag, dem 24. 8. nach Wien komme und circa um zehn Uhr vormittags bei Ihnen eintreffen werde.

Ich glaube, mit dieser Lösung und gleichzeitiger persönlicher Freiheit meiner Schwester einen großen Wunsch erfüllt zu haben, da sie mir sagte, sie möchte gerne bei Frau... weiter wohnen bleiben.

In aufrichtiger Dankbarkeit für Ihre Hilfe zeichnet

achtungsvoll

Da die beiden Damen zu Hause lebten, ersuchten wir schriftlich bei der Schwester um Geld. Diese erschien bei mir und übersandte dann den zweiten Brief.

Psychiatrisches Krankenhaus der Stadt Wien
Betrifft: Meine Schwester...
Bei meiner gestrigen Erkundigung bei Ihnen und anschließender Erledigung in der Verwaltung und Kasse, fuhr ich zu Frau..., zwölfter Bezirk, wo meine Schwester beurlaubt ist. Leider habe ich die Frau E., die den

172

fahrenden Betreuungsdienst versieht, nicht angetroffen, da sie schon um elf Uhr 30 dort war und ich um diese Zeit von der Verwaltung wegging.

Es war scher herauszufinden, wie sie eigentlich wirtschaftlich leben und so weiter. So hatte ich den ganzen Betrag von 1.820,– Schilling, welchen ich von der Kasse erhielt, zuerst meiner Schwester gegeben und gleich anschließend durch meine Empfehlung, sie möge den Betrag Frau... geben, was auch geschah (dies ließ ich mir selbstverständlich bestätigen). Außerdem habe ich meiner Schwester einen Betrag von 500,– Schilling übergeben, ebenfalls mit Bestätigung. Außerdem lud ich beide in eine Konditorei ein, wo es Kaffee und Torten gab.

Nach längerem Beisammensein erzählte Frau..., daß sie Mittagessen gehe, worauf ich fragte, was ein Mittagessen kostet, circa 70 bis 80 Schilling. Mir kommt das sehr teuer vor, ich weiß, daß meine Schwester das Geld leicht ausgibt und gerne gut ißt. Vielleicht wäre die Frau Betreuerin so gut und würde es ihr ausreden, daß sie sich auf Menü umstellen soll, was ja nicht so teuer ist.

Doch heute kommt mir der Gedanke immer näher, ich habe es falsch gemacht, daß ich den ganzen Betrag Frau... übergeben ließ. Ich bitte daher die Frau Betreuerin, sie möge die 300,– Schilling, welche sie meiner Schwester vorgestreckt hat, von Frau... zurückverlangen, denn dieser große Betrag von 1.820,– Schilling kann nicht auf Kosten von Frau... gegangen sein, da meine Schwester auch etwas Geld hatte. Immerhin sind es erst zwei Wochen, daß sie zusammenleben. Bei meinem nächsten Besuch werde ich meiner Schwester ein Bücherl übergeben, wo das Finanzielle festgehalten werden soll, um den beiden Frauen eine Übersicht zu geben.

Meiner Bitte entgegenkommend zeichnet

In der Zwischenzeit ging es den beiden Damen noch besser, sie wurden mobiler, sie fuhren in der Stadt herum, sie besuchten auch um Gottes willen »zum Mittagstisch weiter ein Gasthaus«. Dies führte anscheinend zu einer großen finanziellen Belastung, da ich einen Brief mit der Aufforderung erhielt, dies zu unterbinden und doch das »Essen auf Rädern« zu empfehlen, da dies doch billiger sei. Es konnte ein im Raum stehendes Entmündigungsverfahren durch das normale Benehmen der Patientin eingestellt werden, weil auch der Richter das Mittagessen und das Geldausgeben als »normal« ansah. Aber es folgte ein dritter Brief.

Sehr geehrter Herr Böhm!
Ich erlaube mir, eine Nachricht zu geben bezug meines Besuches am 24. 9.
in Wien. Sie waren nicht anwesend und wurden von einem netten, behin-
derten Mann vertreten. Ich bin mit Ihrem Vorschlag einverstanden, wel-
chen ich unterzeichnete, bis auf eine kleine Korrektur bezug Taschengeld,
begrüße ich es sehr, daß Sie den Essenrolldienst für meine Schwester (Mit-
tagessen) organisieren und miteinbeziehen, da hat sie wenigstens ein war-
mes komplettes Essen.

Zu meinem Besuch bei den zwei Frauen: Ich fand, daß meine Schwester
schlecht aussieht, sie muß abgenommen haben, sie sagte mir, sie sei krank
gewesen, ich glaube aber, daß es mit dem Essen nicht klappt. Es gab dann
tiefgekühltes Kochsalatgemüse, welches ich ihnen gekocht habe und zu-
sammen nur ein Paar Frankfurter (meine Schwester ißt gerne etwas Flei-
schiges und das ist halt viel zu wenig).

Ich fragte Frau... wieviel Geld sie für das Essen ausgegeben hatte für
die Franzi, worauf sie von mir 5.000,– Schilling verlangte. Ich mußte na-
türlich laut und herzlich lachen, nahm sie an beiden Händen und sagte ihr,
ich habe nur das Kostgeld für meine Schwester. Anschließend gab ich ihr
2.500,– Schilling und meiner Schwester 100,– Schilling, was ich mir natür-
lich von beiden bestätigen ließ. Danach verlangte sie von mir 500,– Schil-
ling, dann wieder 700,– Schilling, welche sie angeblich Schwester E. ge-
geben hätte. Ich erklärte ihr, das kann nicht stimmen, Schwester E. hat nur
300,– Schilling der Franzi geborgt und diese 300,– Schilling hat sie schon
nach meinem letzten Besuch zurückbekommen, aber sie fing immer wie-
der davon an.

Ich möchte Frau E. ersuchen, kein Geld mehr herzugeben, da es jetzt
normal laufen wird. Fürs Wäschewaschen bin ich froh, sollte dies Schwe-
ster E. privat machen, soll es auch bezahlt werden. Soviel ich erfahren
habe, wird ein Buch geführt zur Vermerkung. Ich ersuche Schwester E.,
meiner Schwester ein Schulheft zu geben, damit ich auch Einsicht nehmen
kann. Ich werde dann das Geld fürs Wäschewaschen meiner Schwester in
einem Kuvert hinterlassen. Ich habe meiner Schwester gesagt, bei meinem
nächsten Besuch Ende Oktober bekommt sie warme Schuhe (sie hat mir
schon gezeigt welche), warme Wäsche und Kleider und einen Mantel.
Diese Freiheit gibt ihr sehr viel und ich bin froh darüber. Frau... ersuchte
ich, in einem ihrer Kästen etwas Platz zu geben für die Franzi, aber sie
verneinte es, sie habe keinen Platz, zwei Kästen gehen überhaupt nicht zu
sperren, weder auf noch zu, der Schlüssel steckt, vielleicht könnte man da
etwas Hilfe leisten.

Lieber Herr Böhm, ich möchte auf jeden Fall, daß meine Schwester durch den Essenrolldienst betreut wird und hoffe, daß es mit 1. 10. schon klappen wird.

Herzlichen Dank!

In der Zwischenzeit hatte sich das Leben aller Beteiligten normalisiert, der Briefverkehr wurde unterbrochen, die Stabilisierung der Patientin war erreicht worden. Nach einigen Monaten ihrer Stabilisierung kam es zu dem eingangs erwähnten Zwischenfall mit einer provokanten, intoleranten Betreuerin (Laienorganisatorin), mit der darauffolgenden Einlieferung der Patientin. Dies wurde nun neuerlich ein Anlaß, mit der Verwandten in Kontakt zu treten. In diesem vierten Brief wurde mir deutlich gemacht, daß verschiedene Depositionen meiner Patientin als Rest einer Betreuung, als Rest einer Obsorge, als Rest meiner verlorenen Freizeit, als Rest eines Patienten übriggeblieben waren.

Bei meinem Besuch am Donnerstag, dem 26. 11. bei meiner Schwester... waren Sie so lieb und brachten den Koffer von ihr, damit ich die schmutzige Wäsche mitnehmen konnte. Dabei ist mir nachher aufgefallen, daß noch einige Sachen von meiner Schwester fehlen. Ich ersuche Sie höflichst, diese Sachen ins Spital zu bringen, in dem die Schwester E. den Außendienst betreut und auch berechtigt ist, in die Wohnung der Frau... zu gehen, um jene Gegenstände zu holen, wobei ich Ihnen sehr dankbar bin.

Ich habe Herrn Oberpfleger Böhm einen Brief damals geschrieben und auch eine Liste der Kleider und Schuhe beigelegt, doch hat es nicht ganz geklappt.

Ich erlaube mir, Ihnen die fehlenden Gegenstände zu schreiben:
1 Paar neuwertige weiße, durchbrochene Sommerschuhe,
1 Paar geschlossene Hausschuhe,
1 Paar schwarze Sämisch-Lederschuhe mit Lederbesatz,
1 grün-weiß-gestreiftes Sommerkleid (neuwertig),
1 Regenschirm mit Lederetui,
1 viereckige Seifenschale mit Seife (angeblich befindet sie sich in der Küche).

Ich werde circa in zwei Wochen wieder nach Wien kommen und ersuche Sie höflichst, meiner Bitte nachzukommen.

Ich glaube, daß dieser Fallbericht als einer von vielen zu bezeichnen ist – als Rückschlag für alle Beteiligten, die Hoffnungen aller wurden nicht gestillt. Es ist aber kein Anlaß, uns entmutigen zu lassen, denn wenige Rückfälle stehen vielen positiv behandelten Patienten gegenüber.

Rückfälle – Skandalfälle durch unterschiedliche Ausbildung?

Eine in Deutschland durchgeführte Untersuchung ergab, daß sich Sozial-arbeiter für eine vermehrte medizinische Ausbildung nicht interessieren – sie sind nach der Befragung meist der Meinung, ihr medizinisches Ausbil-dungspotential reiche aus (aber für die Geronto-Psychiatrie auch?). Wenn man die Wohnung eines Patienten betrachtet und dazu den Patienten mit der Diagnose senile Demenz, cardiale Decompensation, offenes Forma-nen ovale, Lungenemphysem, Diabetes mellitus, sollte man sich einmal die Mühe machen, eine Statuserhebung von verschiedenen Altersbetreu-ern durchführen zu lassen. Man kommt dann in etwa auf folgende, unter-schiedliche Pflegepläne:

Sozialarbeiter	*Altenpfleger*	*Psychiatrisches Pflegepersonal*
Wohnung bewohnbar, es wohnen viele so ähnlich	Wohnung muß als erstes voll saniert werden, neue Lüster, Vorhänge	Wohnungsgrundsanie-rung langsam – Monats-plan, Animation
somatisch in Ordnung	somatisch in Ordnung	Ödeme an den Beinen, Atemnot
Psychischer Status nicht relevant	Psychischer Status unauffällig	Psychischer Status Orientierungstraining notwendig
Rente und Hilflosen-zuschuß wird einge-reicht	Caritasspenden werden aktiviert	übersieht die Geld-probleme (Hilflosen-zuschuß)
Erachtet cardiale Decompensation nicht besonders	Erachtet cardiale und psychische Decompen-sation nicht besonders	Erachtet Hilflosen-zuschuß nicht beson-ders, vergißt

Das heißt, daß man je nach Ausbildungsart und Ausbildungsstand ver-schiedenste Aussagen über einen Klienten- oder Wohnungsstatus vorfin-den kann. Achtet ein Sozialarbeiter mehr auf Fürsorgeagenden und eine Therapieform im Sinne des Caeswork-Systems und läßt somatische

176

Agenden außer acht, stehen bedingt durch die Ausbildung (und die Angst, es könnte eine Komplikation entstehen) beim psychischen Diplom-Pfleger mehr die somatisch-medizinischen Agenden (Beobachtung von Krankheitssymptomen und wann ist der Arzt zu holen) im Vordergrund. Der Altenhelfer beziehungsweise der Laienhelfer beschränkt sich hingegen wieder vorwiegend auf die emotionelle Zuwendung. Mitleid, Aufopferung, Verschönerung der Wohnung und des Klienten stehen im Vordergrund.

Auch dieser kurze Abriß eines unserer Versuche führt zu der in diesem Buch eingangs zitierten Tatsache, daß wir Altenbetreuer nicht die gleiche Sprache sprechen, jeder sich unter einem sogenannten guten und einem sogenannten schlechten Patienten etwas ganz anderes vorstellt. Hier liegt noch sehr viel Arbeit im Simme einer gemeinsamen Ausbildung oder einer besseren Zusammenarbeit vor uns.

Reformvorschläge und Reformansätze der Bundesregierung (Österreich) zum Thema Übergangspflege in der geriatrischen Pflege

Nationalrat vom 26. 4. 89 (E 113-NR XVII/GP)

1. Aufgrund des Expertenberichtes im Anschluß an den Skandal Lainz wird beschlossen

Zitat:

»Die ärztliche Behandlung und Betreuung des betagten Patienten kann weder in der häuslichen Pflege noch im Krankenhaus voneinander getrennt werden. Sie ist eine Einheit und muß als solche betrieben werden. Deshalb sind in der stationären medizinischen Betreuung älterer Menschen Übergänge von Akutabteilungen, von geriatrischen-rehabilitativen Abteilungen für Kurzzeitpflege, zur Übergangspflege etc. zu schaffen.«

Dies erfolgt nach meinem Programm seit 1979, in diesem Jahr habe ich die Übergangspflege mit Pflegesystem geschaffen.

2. Zitat:

»Um die Aufwertung eines Teils der bisherigen Pflegeheime zu ermöglichen, muß ihnen zunächst der Fürsorgestatus genommen werden.«

Dies erfolgt in meinen Programmen seit 1979 als Re-aktivierende Pflege und Pflegediganose statt der usuellen vom Nationalrat geforderten Abschaffung der »warm, satt, sauber Pflege«.

3. Zitat:
»Darüber hinaus ist das Image der Pflegeheime zu fördern, um sowohl den Vorstellungen der Patienten wie auch dem Berufsbild der Bediensteten Rechnung zu tragen.«

Dies erfolgt seit 1989, mit der Gründung der Österreichischen Gesellschaft für Psychiatrische Krankenpflege und der auf den Zielplan ausgerichteten Fortbildungen.

4. Forderung nach Regionalisierung
»Die fachliche Bestätigung der Regionalisierung kann durch die von der Übergangspflege erfundenen Differenzialdiagnostischen Ausgänge ins Milieu bestätigt werden.«

5. Förderung jener Dienste, die sich als Übergangspflege bemühen
Zitat:
»Vorrangiges Ziel ist jedoch im Hinblick auf die Zunahme der Pflegebedürftigkeit in der Altenbevölkerung die Förderung jener Dienste, die eine Betreuung und Pflege alter Menschen, wo immer dies möglich ist – in ihrer gewohnten häuslichen Umgebung ermöglichen beziehungsweise die Schaffung der entsprechenden Voraussetzungen.«

6. Forderung nach Fort- und Weiterbildung IV / B Personalsituation
Zitat:
»Weiter ist die Ausbildung sowie die Fort- und Weiterbildung vor allem auch in psychosozialer Hinsicht zu verbessern und vermehrt anzubieten.«

Dies kann man in der heutigen Zeit aufgrund der Erfahrung und wissenschaftlichen Absicherung der Österreichischen Gesellschaft für Psychiatrische Krankenpflege.

7. Zitat:
»Die Tätigkeitsberichte der einzelnen Mitglieder des Betreuungsteams sind möglichst klar festzulegen und abzugrenzen.«

Siehe Tätigkeitsbereich der Übergangspflegepersonen.

8. Zitat:
»In der ambulanten Betreuung alter Menschen dürfen krankenpflegerische Tätigkeiten nur von diplomiertem Pflegepersonal durchgeführt werden.

Die in ambulanten, sozialen Hilfsdiensten in der Altenbetreuung Tätigen sollen über die erforderlichen medizinischen und psychologischen Kenntnisse verfügen, um den Arzt beziehungsweise die diplomierte Krankenschwester / pfleger, sofern dies notwendig ist, verständigen zu können.«

Daher die Einführung der Praxisanleiter zur Überwachung der Tätigkeiten im Delegationsprinzip.

Stellenbeschreibung – Diplomierte Übergangspflegeperson

1. Kurzbezeichnung:
   zum Beispiel Übergangsschwester, Übergangspfleger.

2. Definition der Stelle:
   Durchführung von reintegrativen und symptommindernden Pflegeprozessen im Sinne der Übergangspflege oder Starthilfe bei Klienten mit dementieller Symptomatik, oder bei Mischsymptomatik ab dem 65. Lebensjahr.

3. Eingliederung in die Betriebsorganisation:
   Pflegebereich: übergeordneter Praxisanleiter, Pflegedienstleitung
   Fachliche Aufsicht: über die externe Heimhilfe, eventuell über Praktikanten und Lernpflegepersonen
   Medizinischer Bereich: Chefarzt des Psychosozialen Dienstes.

4. Vertretungsverhältnis: aktiv Praxisanleiter.

5. Ziele und Aufgaben:
   Grundpflege: Durchführung der Re-aktivierungspflege, Beschaffung aller lebensnotwendigen Utensilien oder Dienste (Heimhilfe, Essen auf Rädern).
   Beschaffung der Pension, sonstige administrative Dienste. Rezepte einholen.
   Behandlungspflege: Mithilfe bei diagnostischen und therapeutischen Handlungen des Arztes, Durchführung von delegierten Aufgaben.
   Unterstützung bei Bewältigungsstrategien im Alltag.
   Spezifische Pflege: Interventionsgerontologische Maßnahmen.
   Erstellung der Pflegediagnose anhand der singulären Biographie des Klienten nach dem Erstkontakt auf der Station sowie dessen Interpretation und Zielsetzung.

Durchführung der Leitlinien zur psychischen und symptomspezifischen Pflegequalitätssicherung.
Durchführung des Differentialdiagnostischen Ausgangs. Trainingsprogramme auf Lebensfähigkeiten erstellen und durchführen.
Training, ohne Pflege auskommen zu können.
Familien- und Soziotherapeutische Ansätze.
Therapeutische Besuche in der Wohnung, Erhaltung der Persönlichkeitsrechte (Wohnungserhaltende Maßnahmen)

6. Kompetenz und Verantwortung:
   Über die gesamte pflegerische Tätigkeit, die im Rahmen des Reha-Programmes anfällt. Aufsicht und Einschulung des Pflegehelfers.

7. Funktionelle Beziehungen:
   Zum Praxisanleiter, niedergelassenen Nervenfacharzt, Hausarzt, Heimhelfer-Dienste, zuweisenden Stationsarzt, mobile Schwestern.
   Alle Stellen des Psychosozialen Dienstes

8. Anforderungsprofil:
   Psychologisches Diplom oder allgemeines Diplom sowie Kurse (berufsbegleitend).
   Geistige und körperliche Eignung.
   Praktische Berufserfahrung.
   Fortbildungskurse der Übergangspflege.
   Flexibilität zur raschen Anpassung an neue / veränderte Situationen im Rahmen der individuellen Betreuung. (Verschlossene Wohnung etc.)
   Zuverlässigkeit, Verantwortungsbewußtsein.

9. Arbeitszeit:
   Nebenbeschäftigte freie Dienstzeitgestaltung (je Bedarf) in nebenberuflicher Situation, maximal aber 15 Wochenstunden.
   Teilzeitbeschäftigte 30 Stunden / Woche
   Fünf-Tage-Woche prinzipiell von acht bis 14 Uhr
   Überstunden, Sonntag, Feiertag, Nacht wird per Freizeitvergütung
   1 : 5, wochentags 1 : 3 erstattet.

10. Bezahlung:
    laut Besoldungsordnung des Psychosozialen Dienstes

11. Aufstiegsmöglichkeiten:
    Praxisanleiter.
    Versetzung in eine andere Psychosoziale Dienststelle.

Vorstellbare Wege zur Einführung der Übergangspflege im Akut- und Pflegebereich

Übergangspflege wurde von Pflegepersonen für Pflegepersonen kreiert und sollte in unserem Berufsstand gehalten werden

Dem Rechtsträger (Land) kommen folgende Funktionen zu:
Zielsetzung und Grundsatzentscheidung
für die Therapie und Pflege,
für die Betriebsorganisation,
für die Personalplanung,
für die Finanzierung durch Beschluß im Budget.
Dem Rechtsträger könnten folgende schon praktizierte Modelle vorgeschlagen werden.

Allgemeine juristische Vorschläge
1. Versuch soll vom Träger als Pilotprojekt ernannt werden.

2. Anzeige der nebenberuflichen Tätigkeit beim Dienstgeber erforderlich.

3. Zu empfehlen ist es, bei Fahrten mit den Patienten ein öffentliches Verkehrsmittel zu verwenden oder eine Insassenversicherung für Fahrten mit dem eigenen Personenkraftwagen abzuschließen. – Die Führung eines Fahrtenbuches zur Kilometer-Verrechung wäre dann obligatorisch.

4. Für das Betreten der Klientenwohnung ist keine juristische Absicherung erforderlich, da der Klient auf einer Zuweisung unterschreibt, daß er mit der Betreuung einverstanden ist.
Therapievertrag bei nicht entmündigten Personen.
Ist der Klient entmündigt, ist der Beistand oder Kurator zu verständigen.

5. Erstausgänge sind, um juristischen Komplikationen vorzubeugen, sinnvoller, wenn sie von zwei Pflegepersonen durchgeführt werden.

6. Bei notwendigen Wohnungssanierungen ist eine Einverständniserklärung vom Patienten zweckmäßig.

7. Um keine Unterlassungs- oder Übertretungssünde zu begehen, ist ein Parxisanleiter zu installieren.

8. Der Erfolg unserer Tätigkeit muß anhand der Pflegediagnose schriftlich nachweisbar sein.

9. Die Übernahme eines Klienten ist nach einem obligatorischen differentialdiagnostischen Ausgang in der Pflegedokumentation der Station zu bestätigen.
   Eine Trennung zwischen Starthilfe-Patienten und reinen Übergangspflegepatienten ist sinnvoll.
   Reine Fahrtendienste, Besorgungsdienste, Liebesdienste an Stationen sind zu unterlassen.

10. Nachgehende Institutionen sind je nach Notwendigkeit zu installieren. Eine direkte Übergabe ist angezeigt, eine Kooperation anzustreben.

11. Übergangspflegepersonen sind primär zur Besserung, Re-aktivierung und Symptomlinderung von psychischen Problemen einzusetzen.
    In allen Fällen, in denen die Übergangspflege nicht unumgänglich notwendig ist beziehungsweise durch andere Maßnahmen ersetzt werden kann, werden wir tätig. Bei somatischen Pflegefällen wird somit auf die bestehenden Einrichtungen verwiesen.

12. Die reine Behandlungspflege wird unter der Anordnung eines zu installierenden Arztes (zur Zeit der Beurlaubung oder der Ausgänge somit vom Stationsarzt getragen).

13. Die Zuweisungen an die Übergangspflege haben vom Arzt, der die therapeutische Notwendigkeit bestätigt, und vom Klienten, der seine Einwilligung bestätigt, zu erfolgen.

Vorstellbare Modelle

Dem Rechtsträger können folgende in der Praxis schon funktionierende Modelle vorgeschlagen werden:

1. Übergangspflege an Akut-Stationen und in Pflegeheimen durchgeführt von nebenberuflich tätigen Pflegepersonen aus der eigenen Klinik. Bezahlung aus dem Budget des Psychosozialen Dienstes mit gleichzeitiger Aufstockung dieses Budgets.

2. Übergangspflege durchgeführt durch einen zu gründenden und aus öffentlichen Mitteln erhaltenen Verein für geriatrische Rehabilitation, Privatisierung der extramuralen Altenpflege.

3. Übergangspflege durchgeführt in der Dienstzeit, also hauptberuflich mit Personalaufstockung je Station eine Übergangspflegeperson. Dies würde eine Erweiterung der Berufskompetenzen von Pflegepersonen auf Übergangspflege und Re-aktivierende Pflege je Spitalsstation bedeuten.

Für alle Installierungen werden folgende Grundvoraussetzungen für die Fachlichkeit verlangt.

Grundvoraussetzungen: Die Personen, die sich als Übergangspflegepersonen betiteln und deren Funktion übernehmen wollen, müssen:
1. In der Übergangspflege praktizieren.
2. Die Fortbildungskurse der Österreichischen Gesellschaft für Psychiatrische Krankenpflege besuchen.
3. Für die ersten Monate einen Praxisanleiter von der Übergangspflege zur praxisrelevanten Ausbildung nehmen.
4. Erst nach der Ausbildung kann auch die Praxisanleitung in die Hände der Praktikanten und somit auf die Stationen in Selbständigkeit retour gehen.

Die Übergangspflege wird bereits in elf Kliniken in Österreich, in sechs Kliniken und 14 anderen Institutionen in Deutschland, in acht Kliniken der Schweiz und in zwei Instituten in den Vereinigten Staaten von Amerika mit gutem Erfolg praktiziert.

Schlußbemerkungen

Der Text dieses Buches soll als Beitrag und Feedback zur Verbesserung der gerontopsychiatrischen Versorgung verstanden werden, jedoch nicht als wissenschaftlich ausreichende Behandlung der darin angeschnittenen praxisbezogenen Themen. So wie die komplette Versorgung der geriatrisch-psychiatrischen Patienten nicht nur auf wissenschaftlichen Erkenntnissen, sondern zum Großteil auf menschlicher Erfahrung und einer veränderten Einstellung zum Alter beruht, so wird die in Wien installierte therapeutische Pflege vorwiegend auf empirischer Basis durchgeführt. Auch wurde über die Grundpflege sowie die somatische Krankenpflege in dieser Darstellung nicht viel berichtet, da man sie als bekannt voraussetzen darf. Die Thematik des symptomspezifischen Verhaltens, auf das bei unserer Tätigkeit besonderes Augenmerk gerichtet wird, wurde nur kurz gestreift.

Vom Objekt zum Subjekt
In der Öffentlichkeit sind gegenwärtig bedeutende Bewußtseins- und Einstellungsänderungen gegenüber den älteren und psychisch erkrankten Menschen im Gang: Sie werden nicht mehr als Objekte einer mehr oder weniger guten Befürsorgung betrachtet oder gar übersehen und abgeschrieben, wie dies in den vergangenen Jahrzehnten häufig der Fall war, sondern sie werden als eine eigene große Gruppe der Gesellschaft anerkannt, ihre verschiedenen Bedürfnisse und Erwartungen werden angemessener wahrgenommen, ihre Rechte und Möglichkeiten wieder mehr geachtet.

Nachdem es uns gelungen ist, die Anerkennung für unsere Tätigkeit von verschiedenen Fachleuten zu bekommen, können wir heute folgende Schlußbemerkungen zur Diskussion stellen:

1. Der extramurale Dienst kann nur ein Angebot sein. Man muß an die freiwillige Annahme appellieren und doch wissen, daß ältere Menschen gelegentlich ihre Hemmungen erst durch eine etwas nachdrücklichere Einladung überwinden. Entscheidend für die Annahme wird immer sein, ob man die ganz konkrete Situation eines Menschen erfaßt hat und ob unser Angebot für ihn attraktiv und einladend genug ist.

2. Da die medizinische Versorgung bei geronto-psychiatrischen Patienten nicht immer im Vordergrund steht, müssen auch die rehabilitierenden Maßnahmen als Teil der pflegerischen Aufgabe anerkannt werden. Das Berufsbild des Krankenpflegers/der Krankenschwester muß in dieser Hinsicht neu definiert werden.

3. Eine Neuorientierung der geriatrischen Pflege ist denkbar – weg von der Verwahrung (»zu Tode pflegen«) hin zur Verselbständigung der Patienten.

4. Die Pflegepersonen müssen von ihrem Tun immer überzeugt sein (Änderung der Grundeinstellung, »Hier ist nichts mehr zu machen, das ist ein Pflegefall.«).

5. In den Anstalten muß eine ganzheitliche Pflege installiert werden, das symptomspezifische Verhalten zum Patienten beginnt am Krankenbett und setzt sich in den rehabilitativen Maßnahmen in seiner Wohnung fort.

6. Eine klare Analyse der gegebenen Bedürfnisse und Möglichkeiten ist Voraussetzung für eine umfassende und wirksame Sorge für unsere älteren Menschen. Gerade hier sind aber allgemeingültige Rezepte kaum möglich. Jeder Patient wird seinen eigenen Weg finden und verwirklichen müssen. (Intensivförderungszeit)

7. Aktive Beschäftigung ist der passiven Unterhaltung der Patienten vorzuziehen.

8. Steigerung der Toleranzgrenze von Pflegepersonal und Patienten.

9. Je mehr Patienten aus einer Anstalt entlassen werden, je größer ist die Chance, das Bewußtsein der Bevölkerung dahingehend zu ändern, daß die Aufnahme in einem Pflegeheim oder einer Psychiatrie nicht mit dem absoluten Ende gleichzusetzen ist.

10. Konsiliartätigkeit von sozialmedizinischen Pflegepersonen in Langzeitkrankenhäusern und Altersheimen. Gerade durch unsere Erfahrungen können wir sagen, daß auch in Langzeitkrankenhäusern und Altersheimen der Schritt ins Leben (Rehabilitation über den Spitalsportier hinweg) als Mangel, als Kluft zwischen extramuraler und intramuraler Versorgung allgegenwärtig ist. Wir haben in Wien die verschiedensten Zuweisungen von neurologischen Spitälern, Altersheimen und internen Stationen bei geriatrischen Patienten bekommen

und im Sinne einer Konsiliartätigkeit meiner Arbeitsgruppe reintegriert. Auch die Kooperationsbereitschaft der praktischen Ärzte wurde durch den persönlichen Kontakt weiter forciert.

11. Gerade in Anbetracht der ständig steigenden Zahl von gerontologischen und gerontopsychiatrischen Patienten wäre die Einführung von sozialmedizinischen Pflegepersonen überlegenswert. Dies würde eine berufsbegleitende, praxisrelevante Weiterbildung der Diplomkrankenpflegepersonen erfordern.

Die in diesem Buch festgehaltenen Anregungen sollen daher lediglich eine Hilfe für den Leser oder die Verantwortlichen der Altersversorgung sein, die Situation etwas besser zu beurteilen, sich einen Überblick über das, was bereits in der extramuralen Versorgung geschieht, zu verschaffen und sich durch gute Erfahrungen anderer zu einer – oder einer neuen – Initiative und zur Zusammenarbeit mit schon bestehenden Institutionen inspirieren zu lassen.

Dies alles wird uns auch weiter gelingen, wenn wir uns entschließen, eine gemeinsame Zusammenarbeit aller in der Altenversorgung tätigen Berufsgruppen zu fördern. Ohne »Sozialromantiker« zu sein, glaube ich, daß unser gemeinsames Ziel erreichbar ist. Wir müssen versuchen, denselben Weg zu gehen in der intramuralen, extramuralen und präventiven Krankenpflege. Nur so kann es uns gelingen, daß *»Alte nicht als Wohlstandsmüll«* bezeichnet und behandelt werden.

Begriffe

Für eine gemeinsame Sprache in der Altenversorgung sind die grundlegenden Begriffe hier verständlich, etwas laienhaft übersetzt.

Altern: Ein biologischer Vorgang mit Änderung der physiologischen Vorgänge (auch der inneren Organe). Wir unterscheiden ein kalendarisches, ein biologisches und ein für die Psychologen interessantes funktionales Alter. Das »höhere Lebensalter« als Begriff beginnt mit der Pensionierung, wobei der Übergang ohne Ritual erfolgt und als letzte Stufe eines Lebenszyklus' verstanden wird.

Aktivierende Pflege: Statt den Patienten in seiner Patientenrolle zu belassen, ihn also voll zu versorgen, soll er aktiviert – emanzipiert – werden. »Helfen mit der Hand in der Hosentasche.«

Animation – Aktivschlepperrolle: Jene Menschen, die den Betagten animieren – aufgrund der Biographie (jeder Mensch ist ein eigenes Individuum) in ihm Emotionen wecken, ihn so schnell wie möglich von der Liegephase in eine Sitzphase und in eine aktivierende Phase überführen.

Asylierung: Der Asylierungsfall stellt einen Begriff in der Justiz dar, der besagt, daß ein Mensch ein »Pflegefall« wurde.

Affekt: Stärker betonte Gefühlsregung mit Zeichen der Erregung, zum Beispiel durch die Körpersprache und vegetative Erscheinungen.

Ambulante Hilfe: In Wien hat sich der Psychosoziale Dienst etabliert, der durch seine psychosozialen Stationen Präventivmaßnahmen und Behandlungen für psychisch Kranke übernimmt und eine »Drehtürpsychiatrie« zu verhindern sucht.

Autistisch: Menschen, die sich in sich zurückziehen, die nicht kooperativ sind, die nicht mit anderen sprechen, kommunizieren können.

Alkoholismus: Es gibt verschiedene Definitionen dieser Sucht. Wichtig sind drei Faktoren:
1. das Mittel muß Euphorie erzeugen,
2. Toleranzanstieg – nach einiger Zeit der Dosissteigerung,
3. Abstinenzerscheinungen bei Entzug.

Zuerst wird begonnen mit dem Erleichterungstrinken, zum Beispiel nach nicht bestandener Prüfung. Wird dann steigernd zur Gewohnheit – bei steigendem Konsum keine Einsicht mehr, Menschen werden isoliert und haben neuerlich Grund zum Trinken. (Weiteres siehe spezifische Literatur.)

Alkohol und Arteriosklerose: Viele unserer Patienten haben eine Mischung von Hirnleistungsabbau durch Arteriosklerose plus Hirnleistungsabbau durch Alkoholismus. Ein gangbarer, befriedigender Weg zur Therapeutisierung wurde noch nicht gefunden, da diese Leute voll uneinsichtig und nicht beeinflußbar sind (Versprechungen sind leere Phrasen!). Man kann nur versuchen, dem Alkoholiker immer wieder zu zeigen, daß wir ihn verstehen und daß wir sein Trinken verstehen, so daß wir von ihm (von dieser Menschengruppe) wenigstens akzeptiert werden. Vorsicht bei Alkoholikern mit Medikamenteneinnahme! Alkohol und Medikamente vertragen sich fast nie! Kumulationsgefahr – Vergiftungsgefahr und bei Entzug Krankenhausaufenthalt, Bettlägerigkeit, Gefahr eines Entzugsdeliriums (delirium tremens mit beginnendem prädelirantem Zustandsbild).

Antigen – Antikörper – Reaktion: Bei einer Infektion des Körpers meldet dieser ein Eindringen von Bakterien durch Abwehrmechanismen an, wie Krankheitsgefühl, verschiedene Symptome, aber vor allem Fieber. Bei älteren Menschen kann die Antigen-Antikörper-Reaktion versagen, und diese können auch ohne Fieber schwer erkrankt sei. Bei andersartigem Benehmen unserer Patienten dürfen wir daher auch eine stillverlaufende Erkrankung nicht übersehen.

Arteriosklerose generalisate: Verkalkung der Gefäße im ganzen Körper, daher Blutminderversorgung – Sauerstoffmangel – in den inneren Organen. Die Gefäße werden unelastisch und können sich dem Blutdruck nicht mehr anpassen. Aus diesem Grund kann auch zum Beispiel ein Hirngefäß zerreißen und man spricht vom

apoplektischen Insult: Hirnschlaganfall, der meist akut entsteht, mit Bewußtlosigkeit einhergeht und zu Lähmungen, meist Halbseitenlähmungen führt. Es gibt dazu prädestinierte Menschen, meist mit hohem Blutdruck, rotem Gesicht, die sich ständig aufregen (apoplektische Typen).

Beoachtungspflege nach Schlaganfall: Menschen, die einen Hirnschlaganfall hatten, dürfen nicht ohne ärztliche Genehmigung mobilisiert werden, da eine neuerliche Zerreißung eines Hirngefäßes eintreten kann.

Beobachtungspflege vor dem Schlaganfall: Manche Schlaganfälle (Cerebromalacien) beginnen mit einem kleinen Herd im Gehirn. Dieser macht sich meist am frühen Morgen bemerkbar. Der Patient möchte aufstehen und berichtet der Pflegeperson, daß sein Arm, sein Bein so komisches Ameisenkribbeln hat (Paräasthesien). Da es sich hier um eine Vorwarnung eines vielleicht eintretenden Schlaganfalls handeln kann, ist auch hier die Bettruhe bis zur Visite einzuhalten.

Apoplexie, status post: Schlaganfall, Zustand danach

Auch bei Patienten, die einen echten Schlaganfall mit neurologischen Ausfallerscheinungen hatten, ist die aktivierende Pflege (nach ärztlicher Anordnung) die einzige Rettung, die Ausfallerscheinungen so gering wie möglich zu halten. Ergotherapeuten, Beschäftigungstherapeuten etc. geben uns Pflegepersonen die wichtigsten Anregungen (auch über derzeit im Handel befindliche Geräte), um Restzustände gering zu halten. (Multiprofessionelles Team)

Bradycardie: Pulsschlag ist verlangsamt, meist unter 60 Schläge pro Minute. Vorkommen bei verschiedenen Erkrankungen in der Geriatrie als Ausdruck für

1. Digitalisüberdosierung und
2. Hirndrucksymptomatik (Druckpuls), nach dem ein Patient zum Beispiel vor Tagen schon auf den Kopf stürzte, daher Sturzkalender anlegen.

Biologie: Lehre von normalen Lebensabläufen.

Coping: Amerikanische Sozialforscher sprechen bei der Aufrechterhaltung beziehungsweise Wiedergewinnung von Kompetenzen von »coping«. Es ist die Umwelt- und Daseinsbewältigung, die der betreffende Patient für sich selbst individuell erlernen und erhalten muß.

Cardinalsymptome: sind solche Symptome, die für eine bestimmte Erkrankung typisch sind und den ersten Hinweis für eine richtige Diagnose liefern.

Chronisch: Jene Erkrankungen, die über einen langen Zeitraum bleiben und sich meist progredient verhalten.

Cardial: das Herz betreffend.

Dynamische Distanz: Die Möglichkeit, Patienten zu motivieren, zu aktivieren, muß auch mit der Möglichkeit des Rückzugs für den Patienten (Rückzugsplätze, -möglichkeiten) gekoppelt werden. Man kann nicht Menschen gegen ihren Willen zum sinnlosen Aktivismus zwingen.

Demenz, dementiv: Abbau / Altersirrsinn, abgebaut.

Decompensation: Versagen – Nachlassen, meist akut, von Leistungen zum Beispiel des Herzens (Herzdecompensation), des Gehirns (Hirndecompensation).

Desorientiertheit: Dieser Mensch weiß über Ort, Zeit und persönliche Daten keine richtige Auskunft zu geben.

Differentialdiagnostisch: Gegenüberstellung – Vergleich – differenzieren zwischen mehreren Möglichkeiten. Beispiel: Verwirrtheit im Spital, in fremder Umgebung, in der Nacht verwirrt; differentialdiagnostisch in der Wohnung angepaßt, dem Altgedächtnis entsprechend geordnet und orientiert.

Defekt: Restzustand, der unkorrigierbar ist. Defektzustand nach Apoplexie, Restlähmungen, die bleiben. Defektzustände sind heikel, daher zum Beispiel vermehrte Decubitusprophylaxe. Defektzustände können auch im Gehirn auftreten und bleiben (zum Beispiel Schizophrenie etc.).

Degeneration: Minderleistung (des Gehirns, der Organe) durch zum Beispiel schlechte chemisch biologische Funktion jeder einzelnen Zelle dieses Organs.

Dissimulieren: Patienten verschweigen uns Symptome, haben Angst, wieder ins Spital zu kommen, haben Angst vor Medikation, die sie sonst erwartet. Besondere Vorsicht bei frischen, nicht abgebauten echten Psychosen.

Distanzlos: Die Patienten können ihre Über-Ich-Bremse durch cerebralen Abbau nicht mehr einsetzen und verzichten auf normale Umgangsformen (dadurch auch manchmal die verbale sexuelle Enthemmung). Auch dies ist als Krankheitssymptom der Hirninsuffizienz zu werten.

Effizient: ausreichend (ausreichende gute Versorgung).

Emanzipierung: Verselbständigung zum Beispiel eines schon abgebauten Greises, auch Erhaltung seiner Selbständigkeit, Präventionskurse für Rentner, Volkshochschule, Veranstaltungen etc. »Wie werde ich im Alter zufrieden?« und ähnliches.

Extramural: Außerhalb der Mauern; nicht in einer Heimsituation.

Extrovertiert: Nach außen gekehrt. Menschen, die sofort und gerne mit anderen sprechen, kontaktbereit sind. Kann auch überschießend werden, zum Beispiel bei der läppisch euphorischen Demenz (Manie).

Exotoxikose: Vergiftungserscheinungen von außen: zu viele Medikamente, schlechte Nahrungsmittel.

Frustriert: enttäuscht; Hoffnungen wurden nicht erfüllt.

Fehlplazierung: Noch immer werden ältere Menschen in einer psychiatrischen Institution (zum Beispiel Mangel an Pflege- und Heimplätzen) abgelagert. Auch soziale Problematiken sorgen für die vermehrten Zugänge. Unsicherheiten im Umgang mit solchen Patienten bei Verwandten sind nicht ausgeschlossen. (Hilf den Verwandten, sie leiden mehr als der Patient.) Stütze ihre Pflegewilligkeit!

Funktionell: Die Funktion, das Funktionieren betreffend.

Geriatrie: Die Lehre der Alterserkrankungen.

Gerontologie: Die Lehre des normalen Alterns.

Gespanntheit: Klinikjargon für eine Vorform der Erregung (Exazerpation), die sich durch die Körpersprache ausdrückt. Der Patient ist steifer, er scheint angriffslustig. Er funkelt mit den Augen, hat einen höheren Pulsschlag und ist ganz auf Angriff eingestellt. Zeige keine Angst, frage, warum er jetzt böse ist, aber bitte in ruhiger, nicht in ebenfalls Angriffsposition verhaltender Stellung.

Hirntrauma: Trauma – die Verletzung: Hirntrauma – die Hirnverletzung.

Institution, totale: Vor der Psychiatriereform verstandene, verwahrende (damit nichts passiert), totale Pflege mit Verlust jeglichen Copings für den Patienten, so daß dieser früher oder später regredierte und zum Dauerpatienten wurde.

Introvertiertheit: In sich zurückgezogen; sie sprechen nicht mit uns (verstehen aber meist alles), sie sind nicht aktivierbar, sie ziehen sich in eine Ecke zurück. Vorsicht: kann auch Angst sein!

Irreversibel: Nicht mehr reparierbar. Es bleibt ein Defektzustand zurück.

Isolation: Vereinsamung. Die Isolation von alten Menschen in ihren Wohnungen ist ein sehr häufig diskutiertes Thema, meist von nachsorgenden Einrichtungen. Isolation oder Vereinsamung wird meist durch verschiedene Ursachen verschieden beleuchtet. Ich möchte hier nur einige Gedankengänge von mir einbringen.

Isolation kann erlernt sein. Siehe die heutigen Walkmen, die nicht mehr mit der Umwelt kommunizieren möchten.

Aber auch der normale Bürger (Zeitungsleser in der Straßenbahn) zieht sich eigentlich von einer Kooperation zurück und lernt, alleine zu sein.

So entstehen, aus eigener Schuld, isolierte, vereinsamte Menschen (aber leiden sie darunter?). Auch aus der Biographie: die Mutter, die zu Hause alleine kocht, auf Gatten und Kinder wartet, ist eigentlich den ganzen Tag isoliert und leidet nicht. Nach Auszug der Kinder, nach dem Tod des Gatten (leeres Nest) lernt sie langsam, sich alleine mit sich zu beschäftigen. Das heißt: Jeder kann kommunizieren mit wem er will, auch wenn es ein Gegner in einer Wahnvorstellung ist!!!

Ja, selbst das Pflegepersonal einer Institution erzieht seine Kundschaft durch das Betreuungsdenken zur Isolation.

Die Patienten (20), die im Tagraum glücklich, zufrieden, ruhig und angepaßt ausschauen, sind eigentlich nichts anderes als 20 introvertierte, isolierte, abgebaute »nicht mehr« Menschen. So gesehen braucht ein älterer Mensch eigentlich nur eine Mindestversorgung, die ausreicht, um ihn zufriedener und glücklicher zu machen. Der schönste Tagraum ersetzt meist nicht die schäbigste Wohnung!

Kustodial: Die Anstalt betreffend, in der Anstalt, in der Institution.

Konfabulieren: Manche Patienten erkennen, daß sie vergeßlich werden, daß sie abbauen. Sie überbrücken Vergessenslücken durch Erzählung von Märchen, von Geschichten, die passen könnten.

Kooperativ: zusammenarbeiten

Kumulativ: Anhäufung, Vermehrung eines Wirkstoffes durch ein zweites Medikament, das die Wirkung erhöht (Valium und Alkohol, Digitalisüberdosierung).

Logotherapie: Sich ausreden können, sich die Probleme von der Seele reden können – Gesprächstherapie (lerne Anteilnahme!).

Multiprofessionell: Mehrere Profis arbeiten ohne Konkurrenzdenken für ein gemeinsames Ziel, die Besserung unserer Probanden.

Mentale Pflege: Vorwiegend im angelsächsischen Raum gebrauchter Ausdruck für psychiatrische Pflege. Auf dem Heimhilfekongreß in Stockholm wurde aufgezeigt, daß die Heimhilfen in Amerika und England wesentlich besser ausgebildet sind und mehr für die Nachsorge psychiatrischer Patienten leisten, als die Heimhilfen in Europa. Auch bei uns in Wien wird durch die Praxisanleiter der Übergangspflege eine bessere Betreuung unserer Patienten und ein (Drum-herum-)Lernen für die Heimhilfen ermöglicht. Ohne diese wäre eine Betreuung von multimorbiden Patienten nicht durchzuführen, aber auch sie müssen sich daran gewöhnen, daß die Versorgung des sogenannten guten Patienten nicht das Optimum einer Versorgung ist, sondern daß die aktivierende Pflege im Vordergrund steht (Zunahme der geriatrischen Patienten).

Multimorbidität: Mehrfacherkrankungen

Malacie cerebro: Hirnschlagform, die aber nicht durch das Zerreißen eines Gefäßes entsteht, sondern durch plötzliche Mangelversorgung (auch Verschluß von kleinen sogenannten Endarterien ohne Kollaterale). Aus dieser entsteht eine Nekrose und ein Ausfallsherd, der im Endresultat dieselben klinischen Ausfälle wie eine echte Apoplexie zeigen kann. Beobachtungspflege – tritt meistens nachts ein, morgens auffallende Lähmung (Behinderung).

Neurologie: Lehre von den Nerven und Nervenerkrankungen. Hier liegen immer nachweisbare, sichtbare (greifbare) organische Veränderungen vor. (Darf mit Psychiatrie nicht verwechselt werden!)

Neoplasma: Neubildung – meist gebräuchlich für Tumor.

Praxisrelevant: Aus der Praxis – für die Praxis (muß nicht unbedingt mit den neuesten wissenschaftlichen Erkenntnissen übereinstimmen). Wesentlich ist, es dürfen keine Fehler passieren. – Vergleich mit der Wissenschaft im nachhinein.

Praxisanleiter: Ein Mensch, der durch seine Qualifikation (zum Beispiel Diplomierter Pfleger) seinen Mitarbeitern in praktischen Fragen unter die Arme greifen kann. Er gibt ferner seinen Mitarbeitern Sicherheit durch seine Kompetenz und trägt die Verantwortung für Unterlassungs- oder Übertretungssünden.

Physiologie: Die Lehre über das normale Funktionieren der Zelle, der Organe und Organsysteme.

Psychiatrie: Die Lehre von psychischen (seelischen) Erkrankungen und ihrer Behandlung.

Progressiv: fortschreitend, auch im Sinne einer Erkrankung verwendet – progredient, verschlechternd, weitergehend.

PSD, Psychosozialer Dienst: Eine für die Durchführung der extramuralen Betreuung von psychisch Kranken gegründete Institution, Kuratorium mit seinen Mitarbeitern. Installiert wurden in Wien acht Psychosoziale Stationen, die für die Prävention und Nachbehandlung in den Sektoren zuständig sind.

Prägung: Durch das Lernen von Vorgängen, Verhalten der Menschen und Erfahrungen sind wir in unserem weiteren Leben geprägt. Summe von positiven und negativen Erfahrungen und den ihnen entsprechenden Verhaltensmustern.

Präsenil: Hirnabbauerscheinungen vor dem (Senium) Greisenalter durch verschiedene Erkrankungen.

Paradox: widersinnig

Psychopharmaka: Therapeutische Medikationen, die die Psyche des Menschen beeinflussen. Sie sind nur nach ärztlicher Verordnung zu verabreichen. Auf Nebenwirkungen ist zu achten! Bei Alterserkrankungen des Gehirns kann meist auf sie verzichtet werden.

Symptome: Krankheitszeichen – verschiedene Symptome können sich zu einem Syndrom vereinigen und dann für eine bestimmte Erkrankung typisch sein.

Senil: altersbedingt

Sublimieren: Eine besondere Form der von FREUD beschriebenen Art des Abwehrverhaltens. (Statt dem Geschlechtstrieb nachzugeben, verlagere ich meinen Trieb auf vermehrte Arbeits- und Sozialleistungen.)

Therapeutisches Milieu: Ein Milieu, das für den Patienten einen heilenden, therapeutischen Charakter hat. Zum Beispiel seine Wohnung, seine Umgebung strahlt Sicherheit, strahlt Altgedächtniserinnerungen aus und wirkt orientierend, heilend.

Trivial: abgedroschen, man macht Handlungen (Beruf), die man immer machte.

T.I.A., Transitorische ischämische Attacken: Aus verschiedenen Ursachen vorübergehende (passagere) Verwirrtheitszustände, die sich wieder bessern. Meist sogenannte nächtliche Verwirrtheitszustände.

Verbal: gesprochen, den Mund betreffend (das Wort), Verbaltherapie – wir sprechen mit unseren Patienten.

Verwahrende Pflege: Meist zum Schutze des Patienten erfundene Totalversorgung (Änderung des Anhaltsgesetzes in Arbeit.).

Verwirrtheit: Patient ist desorientiert (siehe dort) und nicht situativ angepaßt.

Nachwort

Wenn man die Augen schließt, um besser an die Kindheit zurückdenken zu können, ans Elternhaus, an den ersten Schultag, die erste Freundin etc., dann versinkt man in die Vergangenheit, in die individuelle Biographie »die uns zu dem gemacht hat, was wir heute sind«.

Ich bin nun heute so ein Typ, der mit Wehmut und Freude an die Nachkriegszeit denken kann, die nächste Generation hat andere Erinnerungen.

Vielen Menschen ist es lieber, im Alter in der eigenen Wohnung, mit Belastungen, zu leben und zu sterben, statt in einem Heim oder Krankenhaus zu Tode gepflegt zu werden. Auch mir ist es lieber, daher befreit mich, wenn ich irgendwann irgendwo eingeliefert werde, befreit mich vom Basteln, Malen und Singen und bringt mich nach Hause zu meiner Frau, der ich danke sagen möchte.

Wenn ich nur einen Hammer habe,
dann ist jedes Problem ein Nagel.

Übergangspfleger brauchen zur Erfüllung
ihres Berufes einen Werkzeugsatz.
Denn vielseitig ist das Leben und der Mensch,
ein Hammer reicht nicht!

Diesen Werkzeugsatz können Sie sich bei den Seminaren der Gesellschaft für geriatrische und psychiatrische Krankenpflege und angewandte Pflegeforschung holen. Wir unterrichten Böhmsche Pflegestrategien und sind in A-1140 Wien, Öppingerweg 6 für Programmanforderungen zu erreichen.

Literatur

ADLER, A.: Wozu leben wir. Frankfurt, 1987

BARNES, J.: Effects of reality orientation classroom on memory loss, confusion and disorientation in ger patients. In: Gerontologist 14, S. 138–142, 1974

BROOK, P.: Reality orientation a therapy for psychogeriatric patients. A controlled study. In: British Journal of Psychiatry 127, S. 42–45

CIOMPI, L.: Die Psychiatrie des Alterns. Bd. 3, Basel, 1970

DÖHRING, B. (Hrsg.): Zu Hause leben oder im Altersheim. Frankfurt, 1989

DÖRNER, K. und PLOG, U.: Irren ist menschlich. Bonn, 1990

FISCH, M. M.: Jeder ist seines Alters Schmied. Vorbereitung auf den aktiven Ruhestand. Frankfurt, 1990

FREUD, S.: Gesammelte Werke. Frankfurt, 1965

KIRSCHNER, J.: Hilf dir selbst, sonst hilft dir keiner. Die Kunst glücklich zu leben – in neun Lektionen. München, 1978

LÄNGLE, A. (Hrsg.): Wege zum Sinn. Logotherapie als Orientierungshilfe. Für Victor E. Frankl. München, 1985

LANGENMAYR, A.: Familienkonstellation, Persönlichkeitsentwicklung, Neurosenentstehung. Göttingen, 1978

LEWIS und BUTLER: Aging and mental health positive psychosocial approaches. St. Luis, 1977

PETZOLD, H. G.: Psychodrama-Therapie. Theorie, Methoden, Anwendung in der Arbeit mit alten Menschen. Paderborn, 1979

PETZOLD, H. und BUBOLZ, E. (Hrsg.): Psychotherapie mit alten Menschen. Paderborn, 1979

RADEBOLD, H.: Der psychoanalytische Zugang zu dem älteren und alten Menschen. In: PETZOLD, H. und BUBOLZ, E. (Hrsg.): Psychotherapie mit alten Menschen. Paderborn, 1979

RADEBOLD, H.: Psychoanalytische Gruppentiefenpsychologie mit älteren und alten Patienten. In: Gerontologie 9, S. 128–142, 1976

ROSENMAYER, L.: Die Kräfte des Alters. Wien, 1990

ROSENMAYER, L.: Die späte Freiheit. Das Alter – ein Stück bewußt gelebten Lebens. Berlin, 1983

Sandoz Clinical Assesment Geriatrica Scala, Sandorama. Basel, 1980

SCHENDA, R.: Thesen zum Elend alter Leute. Düsseldorf, 1972

SELBY, P.: Wegweiser zu einem lebenswerten Altern. Vorbereitung, Bewältigung und Fürsorge. Stuttgart, Bern, 1988

STIELBERGER, F., STROTZKA, H., ROSENMAYR, L. und WANDRUSZKA, A. (Hrsg.): Aspekte des menschlichen Alterns. Wien, 1982

STROTZKA, H.: Medizinische psychologische Aspekte des Alterns. In: Aspekte des menschlichen Alterns. Wien, 1982

STROTZKA, H.: Psychotherapie – Grundlagen, Verfahren, Indikation. München, 1975

TUBA, J.: Hirnleistungsschwäche. Frankfurt, 1985

ZIMMERMANN, R.: Alter und Hilfsbedürftigkeit. Zur Soziologie von Krankheit, psychischem Leiden und sozialer Abhängigkeit alter Menschen. Enke, 1977

Literaturtipps für Angehörige, von denen auch Pflegekräfte profitieren

Inga Tönnies: Abschied zu Lebzeiten. Wie Angehörige mit Demenzkranken leben

Ein bewegendes Buch, das Angehörigen hilft, ihre Gefühle von Trauer und Hilflosigkeit, von Scham, Kränkung und Wut zu akzeptieren.

»Die Verbindung aus persönlichem Erleben und erzählerischer Darstellung macht das Buch besonders lesenswert und an vielen Stellen wirklich ergreifend.« *Ursula von der Leyen*

BALANCE erfahrungen, ISBN 978-3-86739-007-1, 240 S., 14,90 €/27,50 sFr

M. Gümmer / J. Döring: Im Labyrinth des Vergessens. Hilfen für Angehörige von Demenzkranken

Dieser Ratgeber hilft Angehörigen, die Symptome der Krankheit zu verstehen und auf die Bedürfnisse der alten Menschen angemessen zu reagieren. Dafür bietet er eine wahre Fundgrube an Anregungen, Tipps und Informationen, die sich prompt im Alltag umsetzen lassen. Es vermittelt zudem Basis-Informationen zum Stand der Forschung, zu Diagnostik und Therapie von Alzheimerkranken und verweist auf soziale Einrichtungen, bei denen man weitere Hilfe findet.

BALANCE ratgeber, ISBN 978-3-86739-016-3, 200 S., 15,90 €/28,90 sFr

**Stefan Beyer: Demenz ist anders
Über den Versuch einer einfühlenden Begleitung**

Stefan Beyer stellt Kommunikationsmethoden vor, zeigt, wie man Fäden zur Erinnerung knüpft und wie nonverbale Kontaktrituale gelingen können. Seine einfühlsame Beschreibung hilft Angehörigen und Pflegekräfte, angemessen zu reagieren, ohne das eigene Realitätsverständnis zu leugnen.

„Entscheidend für das Wohlbefinden von Menschen mit Demenz ist die Fähigkeit des sozialen Umfeldes, sich auf die krankheitsbedingten Veränderungen einzulassen, statt schockiert und distanziert zu reagieren. Dem ist nichts hinzuzufügen - weswegen man diesem Buch auch viele Leser wünschen möchte." *Altenpflege*

BALANCE erfahrungen, ISBN 978-3-86739-020-0, 150 S., 14,90 €/27,50 sFr

**BALANCE buch+medien verlag • Bonn
mail: verlag@balance-verlag.de • www.balance-verlag.de**